PILAR CARRERA SANTAFÉ
EDUARDO LUQUE GUERRERO

Nos quieren más tontos

PILAR CARRERA SANTAFÉ
EDUARDO LUQUE GUERRERO

NOS QUIEREN MÁS TONTOS

La escuela según la economía neoliberal

Prólogo de Miguel Riera

El Viejo Topo

© Pilar Carrera Santafé y Eduardo Luque Guerrero, 2016
Edición propiedad de Ediciones de Intervención Cultural/El Viejo Topo
Juan de la Cierva 6, 08339 Vilassar de Dalt (Barcelona)
Diseño: Miguel R. Cabot
ISBN: 978-84-16288-74-8
Depósito legal: B 6601-2016
Imprime: Ulzama
Impreso en España

Índice

PRÓLOGO
Miguel Riera   9

INTRODUCCIÓN   13

BLOQUE I
EL MODELO EDUCATIVO NEOLIBERAL   15
1. El modelo de globalización neoliberal   17
2. Los padres del modelo   21
3. La globalización educativa y el modelo español   29
4. Los rasgos del nuevo modelo   35
    a) *Estandarización educativa*   35
    b) *Desarrollo generalizado de indicadores de competencia*
       (evaluación educativa)   35
    c) *Implantación acelerada de las TI*   37
    d) *La descentralización*   38
    e) *Reformas financiero-dependiente*   38
    f) *La libre elección de centro*   39
    g) *La eficacia gestora*   40
    h) *La flexibilidad*   41
    i) *El aprendizaje a lo largo de la vida*   41
5. Equidad y modelo educativ   43

BLOQUE 2
LOS ORGANISMOS INTERNACIONALES   47
1. El contexto internacional   49
2. Las instituciones supranacionales   55
3. La UNESCO   59

4. El Banco Mundial (BM)   63
    a) *La inversión educativa según el Banco Mundia*   65
    b) *El Banco Mundial y el capital human*   65
    c) *La gratuidad y los créditos educativos según el Banco Mundial*   67
    d) *La descentralización educativa y la libre elección de Centro según el Banco Mundial*   68
5. La organización Mundial del Comercio (OMC)   71
6. La OCDE   73
    Los informes Pisa   74
    7. La Unión Europea y la convergencia entre sus miembros   79
    a) *Jacques Delors y la Convergencia Europea*   81
    b) *La cumbre de Lisboa*   85
8. Los "lobbies" de presión. La ERT.   87

BLOQUE 3
EL NUEVO ORDEN EDUCATIVO   93
1. Las claves teóricas del nuevo orden educativ   95
2. El concepto de capital humano y la economía cognitiva   97
3. La evaluación del capital humano   101

BLOQUE 4
LOS NUEVOS HITOS EDUCATIVOS   109
1. El aprendizaje a lo largo de la vida (*Life Long Learning*)   111
2. La evaluación   117
3. Las TIC   121
4. La economía cognitiva o la crisis del concepto de "capital humano"   131
5. La educación emocional   135
6. Las competencias educativas   143
7. El ataque al conocimiento   149

EPÍLOGO   155

Prólogo

Dada mi condición de padre y abuelo, he tenido ocasión de asomarme primero a los trabajos escolares de mis hijos, y después a los de mis nietos. En cuanto a mis hijos, en su época escolar me sorprendió la contundencia con que afirmaban que ya no había que aprender nada de memoria, y que cometer faltas de ortografía no era importante. Al parecer, esas afirmaciones formaban parte de la línea educativa de su colegio (luego supe que prácticamente de todos los colegios), y mis opiniones al respecto no hicieron ninguna mella en ellos; es bien sabido que frente a la palabra de un profesor, la de un padre cuenta bastante menos. Acepté, como cualquier padre, con resignación un sistema educativo que creía profundamente equivocado, y del que pensé entonces que quizás se había edificado como reacción a la escuela de los tiempos del franquismo, en la que la memoria tenía un protagonismo tal vez excesivo y la ortografía era materia no cuestionable.

Pero ahora, con mis nietos, he pasado ya del escepticismo al asombro, porque el método que parecen seguir sus escuelas estimula, al parecer, no el estudio, sino el "saber buscar", que en la práctica consiste en empujar a los alumnos a practicar el "recorta y pega", teniendo la Wikipedia como principal proveedor de contenidos.

Por supuesto, no pretendo generalizar unos casos particulares, pero, por lo que he podido comprobar en conversaciones con padres y abuelos, esta nueva forma de enseñanza está muy extendida, tiene fundamentos teóricos y defensores acérrimos, aunque por lo que sé sus resultados son paupérrimos, a tenor de lo que se oye comentar en las facultades universitarias sobre la formación de los nuevos alumnos cuando llegan a ellas.

A lo largo de los años me he preguntado a menudo el porqué de los cambios en la metodología, cuáles son sus objetivos y cuáles sus resultados. Y a esas preguntas responden, con claridad diáfana, Pilar Carrera y Eduardo Luque en este esclarecedor libro. Y sus conclusiones son demoledoras.

Para empezar, Luque y Carrera señalan la fuente original, la matriz en la que se cuecen las nuevas ideas y se dictan las normas que han de modificar la enseñanza –y no solo en España, se trata de un proyecto con vocación universal. Y esa fuente tiene poco que ver con la pedagogía: son los organismos que controlan hoy el rumbo económico global: el Banco Mundial, el Fondo Monetario Internacional y la Organización Mundial de Comercio, a los que hay que añadir, en nuestro caso, el instrumento político que impone las consignas de esas instituciones: la Unión Europea.

Y es precisamente el padre de la Unión Europea, Jacques Delors, el que mejor y más sencillamente ha definido la esencia de la nueva metodología: ya no hay que "saber", basta con "saber hacer".

Pero, ¿saber hacer qué? ¿y para qué? Pues Carrera y Luque lo dejan bien claro: saber hacer lo que demanda el mercado, para satisfacer sus necesidades (las del mercado; las propias son harina de otro costal). El mercado como método normalizador de la acción educativa, dictando a las instituciones de enseñanza tanto los contenidos como las formas de aprendizaje. Y todo conocimiento que no sea aplicable a esas necesidades es desechable. En palabras de Edith Cresson, primer ministro de Francia en 1991-1992, que Luque y Carrera recogen aquí, "el saber y el conocimiento se han convertido en algo obsoleto". Más claro, el agua.

Así pues, todo el sistema educativo gira en torno a esta idea: el conocimiento, el desarrollo del pensamiento abstracto, la capacidad de discernimiento –en suma, la construcción de un pensamiento crítico– han de ser sustituidos por un conjunto de "competencias" que permitan a sus poseedores la flexibilidad y la adaptación que el mercado del trabajo, ya ahora mismo, pero mucho más en el futuro, exigen. Y el sistema ha encontrado un aliado fundamental para proceder a esa revolución silenciosa que precisa para subvertir los valores que constituían la esencia educativa en otros tiempos: las nuevas tecnologías. La privatización, la evaluación son herramientas que apuntan en esa dirección.

En fin, Luque y Carrera han puesto a este excelente libro un título provocador: **Nos quieren más tontos**. Y es probable que lo parezcamos porque, salvo excepciones, no hemos sido conscientes de que el cambio de modelo educativo era una consecuencia, o un complemento, según se mire, del ataque neoliberal al Estado de Bienestar. Tampoco la mayor parte de la comunidad educativa ha sabido verlo con la anticipación suficiente, y quien lo veía ha tenido serias dificultades para hacer oír su voz. Hemos defendido la escuela pública, pero al mismo tiempo hemos asistido pasivamente a un desguace de valores que empezó hace mucho y por el que el conocimiento y la cultura han dejado de considerarse útiles para pasar a ser "rarezas" minoritarias. En esto también puede decirse que el neoliberalismo ha ganado todas las batallas, al menos por ahora. Y hay que admitir que la izquierda política de este país, por ignorancia o por desidia (no quiero pensar en complicidad consciente), ha contribuido eficazmente a ello.

Nos quieren más tontos nos abre los ojos, nos señala los objetivos y las consecuencias. Y, si toda acción educativa es una elección política, habrá que empezar a pensar políticamente qué hacer con la educación aquí y ahora. Pilar Carrera y Eduardo Luque nos señalan el camino; de nosotros dependerá tomarlo,

Miguel Riera

INTRODUCCIÓN

Por definición toda educación es una elección: ¿Qué se quiere transmitir? ¿Cuáles son los valores? ¿Cuáles son los conocimientos más importantes? ¿Los formativos o simplemente los más útiles? Toda acción educativa es una elección política. La escuela como elemento central de los procesos de socialización y transmisión cultural ha entrado en crisis: crisis de funcionalidad, crisis de legitimidad….

En los últimos decenios los antiguos modelos sociales han cambiado. El modelo neoliberal se ha impuesto y por tanto se hace imprescindible que los sistemas de enseñanza deban orientarse hacia la creación de espacios donde asegurar ventajas formativas. El objetivo perseguido es permitir al individuo competir de forma eficaz en el mercado global. Su consecuencia, como analizaremos más adelante, será la construcción de una educación socialmente segregadora y acrítica con la competitividad escolar como nueva divisa.

Tal y como advierte Christian Laval[1], las escuelas se han convertido en empresas que prestan servicios. Asistimos de esta forma al desarrollo de un nuevo modelo basado en tres principios: la competitividad, la eficacia y la rentabilidad económica. Los métodos de implantación pueden ser sutiles o burdos; pero todos presumirán de anteponer los principios humanísticos

---

1. **Laval, C.** "La escuela no es una empresa. El ataque neoliberal a la escuela pública", Paidós, Barcelona, 2004.

a cualquier consideración aunque, en realidad, generen procesos de socialización y distribución desigual del saber entre los grupos sociales[2]. Desde estas páginas queremos aportar elementos de reflexión a este debate tan necesario que influye no solamente en el ámbito escolar sino en las nuevas formas de entender las relaciones sociales.

---

2. **Varea, J**. "Modos de educación en la España de la contrarreforma" La piqueta, Madrid, 2001.

BLOQUE I

EL MODELO EDUCATIVO NEOLIBERAL

Capítulo 1

El modelo de globalización neoliberal

El término "globalización" procede de la expresión "globalization" que se incorpora por primera vez al diccionario en 1961. La expresión en términos históricos es reciente aunque su génesis se remonta al siglo XVI. El término se populariza de la mano de los fundadores de la sociología del siglo XIX, Auguste Comte y Herbert Spencer, entre otros, que entendieron que la expansión de la civilización europea crearía un mundo único. Ni el uno ni el otro prestaron interés a las consecuencias del colonialismo. Se suponía que, bajo la expansión de "las Luces", los pueblos europeos eran los portadores de la esencia de la civilización. La mayoría de los autores de la época entendían que Europa estaba llamada a imponer los valores occidentales como los únicos posibles. La gran crítica, total y alternativa, a esta teoría fue desarrollada por Karl Marx, para quien el capitalismo, aunque también significaba progreso, era el penúltimo estadio de la historia.

Durante el siglo XIX y mediados del XX el concepto de civilización occidental se funde con el de mundialización en un intento de reconstruir un sistema que incluya a todos los demás[3]. Su desarrollo llevó a acuñar en 1962 la expresión "aldea global"[4]. Mundialización es, por tanto, una consecuencia más de la modernización a escala mundial. Es un fenómeno paradójico que puede fomentar desde el localismo como reivindicación tribal

---

3. **Wallerstein, I.** "El futuro de la civilización capitalista" Icaria, Barcelona, 2004.
4. **Mc Luchan, M.** "Comprender los medios de comunicación" Paidós, Barcelona, 2008.

hasta la visión global-planetaria. Su cimiento ideológico es el neoliberalismo; una visión del liberalismo clásico que preconiza la mínima intervención del Estado en la economía en provecho de la iniciativa privada. Para Ulrick Beck[5] el nuevo modelo quiebra la alianza histórica entre sociedad y mercado. Se aniquila el Estado asistencial que había legitimado al modelo occidental, se intenta poner fin al proyecto de modernidad del Estado Nacional.

Para Joseph Stigliz[6] tres son las grandes instituciones que gobiernan la globalización: el Banco Mundial (BM), el Fondo Monetario Internacional (FMI) y la Organización Mundial del Comercio (OMC).

El debate en torno al concepto "globalización "y su descripción conceptual está lejos de desaparecer. Samir Amin plantea que las corporaciones transnacionales son en realidad "multinacionales" puesto que, a pesar de tener muchas "franquicias" en forma de sucursales en otros países, sus activos se encuentran en el país de origen. Las multinacionales dependen de las políticas económicas del país; es imprescindible la capacidad de regulación nacional porque una parte nada desdeñable de sus actividades aún se realizan a nivel doméstico y están claramente no globalizadas[7]. Los nuevos acuerdos internacionales liderados por EEUU (TTIP) intentan limitar aún más la capacidad de regulación estatal en beneficio de las grandes transnacionales.

Autores como Wallerstein nos muestran, siguiendo la estela marcada por Braudel, que la globalización es un fenómeno complejo con profundas contradicciones. No es una exigencia objetiva inexorable, es una estrategia del capital para desarrollar y maximizar su beneficio (Braudel y Wallerstein la definirían como "altas finanzas"). No es, como se pretende enseñar, un "mercado generalizado" a escala global. El desarrollo de los mercados bursátiles es un nuevo paradigma económico donde la creación centrada en el tiempo

---

5. **Beck, U.** "¿Qué es la globalización?", Paidós, Barcelona, 1998. Pág. 15-25.
6. **Stigliz J.** "El malestar en la globalización", Santillana, Madrid, 2002. Pag. 27-49.
7. **Amín, S.** "Salir de la crisis del capitalismo o salir del capitalismo en crisis", El Viejo Topo. Barcelona, Diciembre 2009.

de trabajo necesario, como medida del valor material, se ha transformado en la valorización del tiempo dedicado a la circulación monetaria.

Otros autores, como Boaventura de Sousa Santos[8], plantean que no podemos hablar de una globalización sino de globalizaciones, puesto que están determinadas también por circunstancias locales y coyunturales. Este matiz es especialmente visible en el mundo educativo cuando las recomendaciones internacionales se aplican bajo el filtro de las condiciones históricas de cada país. No existen situaciones globales en las cuales no podamos encontrar raíces locales, reales o imaginarias. Para ese autor el modelo neoliberal presentaría tres grandes contradicciones: la que se deriva de su carácter globalizador y su relación con los estados-nación; la que se deriva de la necesidad de la regulación estatal y el debilitamiento de los estados-nación como entidades políticas centralizadas; la tercera, la necesidad de crear una globalización anti-hegemónica. La gran victoria de la globalización es convertirse no únicamente en el producto dominante sino en transformarse en el único pensamiento de los excluidos. La ideología está sencillamente allí, dentro del "sentido común de la gente" y se genera de forma natural dentro de la vida diaria[9].

El proceso de desarrollo de la globalización transita a través de una serie de crisis sucesivas: desde la quiebra del sistema Bretton Woods[10], pasando por la crisis del petróleo de 1970, la crisis de la deuda latinoamericana, la burbuja de las "empresas.com" o la "burbuja inmobiliaria". En la actualidad, nos enfrentamos al proceso de reconfiguración económica surgido de la crisis de los años 70. Así, podemos definir el actual momento como el intento de solución a la crisis de esa década, que se continúa proyectando en nuestros días[11]. Hemos asistido al fin de la "primera modernidad" ba-

---

8. **De Sousa Santos. B.** "Globalización y educación textos fundamentales", Miño y Dávila Editores, Madrid, 2007. Págs. 39-61.

9. **Appel, Michael,** "El conocimiento oficial. La educación democrática en una era conservadora", Paidós, Barcelona, 1996. Pág. 29.

10. **Eichengreen B.** "La globalización del capital. Historia del sistema monetario internacional" Bosch Editor, Madrid, 2011. Págs. 131-190.

11. **Amin, S.** "Salir de la crisis". Ob. Cit.

sada en el sistema fordista de producción y se anuncia un capitalismo de nuevo cuño. Hoy, muchas partes del "Tercer mundo" muestran a Europa la imagen descarnada de su propio futuro: la desregularización de los diferentes sectores de la economía, la flexibilización laboral, el aumento del desempleo, el incremento de la criminalidad,… todo apunta hacia la construcción de una sociedad del "riesgo global"[12], un riesgo no sólo nacional sino civilizatorio, donde la incertidumbre será endémica y caracterizará en lo fundamental la existencia de la inmensa mayoría de las personas. Dentro de una década o dos, la mitad de la población occidental trabajará en condiciones de incertidumbre, y lo que antes fue excepción, será la norma[13].

El desempleo endémico que acompaña al actual modelo económico no es tanto fruto de la crisis como signo del éxito del capitalismo tecnológico. "Flexibilidad", es decir la capacidad de despedir a los empleados con la mayor facilidad posible, es la palabra de moda. Esta flexibilidad representa una redistribución añadida del beneficio económico, transfiriendo los costos al Estado (en forma de subvenciones, prestación por desempleo o jubilaciones anticipadas…) y privatizando los beneficios.

---

12. **Beck, U.** "La sociedad del riesgo global", Siglo XXI, Madrid, 2006.
13. **Krugman P y Weills R.** "Introducción a la economía. Macroeconomía", Editorial Reverte, Barcelona, 2006. Págs. 368-392.

Capítulo 2
Los padres del modelo

Ronald Reagan y Margaret Thatcher fueron los encargados de aplicar con toda virulencia el nuevo modelo social. En realidad es la demostración de la crisis de la hegemonía de los EEUU y las instituciones internacionales nacidas al calor de la II Guerra Mundial.

La propuesta, que utiliza la globalización económica como ariete, es un proceso que pretende detener la pérdida progresiva del poder político y social de EEUU a manos de las denominadas "potencias emergentes". Es un concepto teorizado hace más de dos décadas pero que está presente en las propuestas geoestratégicas de las diferentes administraciones de la Casa Blanca desde la época Reagan; los textos de Zbigniew Brzezinski, asesor de diversos presidentes, abundan en el análisis de esta cuestión[14]. Frente al reto, la derecha de los EEUU y la de Gran Bretaña desarrollaron una estrategia que fue definida como populismo autoritario[15]. Uno de sus primeros objetivos era conseguir el declive de las instituciones estatales y la reducción de las libertades obtenidas en el pasado; todo ello debidamente construido sobre un amplio consenso social.

Una de las primeras consecuencias fue la ruptura de los equilibrios sociales que habían conformado la ciudadanía europea desde la Segunda Guerra Mundial. La noción de liberalización económica fue aplicada tanto por pa-

---

14. **Brzezinski, Z.** "El gran tablero mundial", Paidós, Barcelona, 2008.
15. **Appel M, W.** Ob. Cit. Paidós, Barcelona, 1996.

íses con gobiernos conservadores como socialdemócratas. El socialista François Mitterrand fue uno de los adalides en los recortes del gasto público, como lo fueron el laborista Blair en el Reino Unido, el socialdemócrata alemán Schroeder en Alemania o el socialista Felipe González en España.

En el Viejo Continente, la Comisión Europea fue la punta de lanza de la reducción de los servicios públicos impuestos por el Banco Mundial, y el Tratado de Maastricht y los Acuerdos de Lisboa los eslabones centrales en el proceso. Su consecuencia lógica, un fuerte impulso a la desregularización social, entendida como la supresión de las reglas que podían constreñir la libre circulación de los capitales y las personas. En realidad, y tal como enuncia Ha-Joon Chan[16], todos los mercados están regulados, especialmente los de las economías más ricas. La "libertad de mercado" no existe sino en beneficio de los países poderosos y perjuicio de los países dependientes. Es evidente que hablar de desregularización acompañada de desarrollo económico natural de las fuerzas productivas no es más que un sarcasmo político. No es un modelo que crea o redistribuye la riqueza. Según el citado autor, en torno al 80% de las inversiones realizadas en el período 1995-1997 fueron utilizadas para comprar o vender empresas y eliminar a posibles competidores.

El neoliberalismo es neoconservadurismo. Su "corpus theoreticum" se gesta en Europa y EEUU en los 50, aunque su génesis debemos buscarla en la década de los años 30, cuando Friedrich Hayek (1899-1992) y Ludwig von Mises (1881-1973), los padres intelectuales del modelo, participan en el famoso "coloquio" de Walter Lippman en 1938. El extremismo de sus ideas los acercará a defender, en especial a Mises, al nacional-socialismo alemán y al fascismo mussoliniano. Von Mises llegará a afirmar en 1927 que "el mérito adquirido por el fascismo vivirá eternamente en la historia"[17]. Años más tarde Mises realiza, al igual que Hayeck, una nueva pirueta teó-

---

16. **Ha-Joon Chan.** "Reivindicar el desarrollo. Un manual de política económica alternativa" Intermón Oxfam, Barcelona, 2006.
17. **Citado por Domenico Losurdo.** "La izquierda ausente" Editorial El Viejo Topo, Barcelona, 2015. Pag. 309.

rica al afirmar que: socialismo, comunismo, fascismo y nazismo son "especies" distintas del mismo "género", que es el "colectivismo"; las "ideas socialistas" de la Rusia soviética, la Alemania hitleriana y la Italia fascista son fundamentalmente las mismas. Para el autor, el "fascismo y el nazismo no fueron una reacción contra las tendencias socialistas del periodo anterior, sino su producto inevitable"[18]. Así el neoliberalismo se llegó a asimilar con el revisionismo histórico. De esta forma se conseguía que el nazismo, al haber sido asimilado incluso al socialismo reformista, perdía gran parte de su horror.

Sus enemigos son el estado del bienestar y el intervencionismo político. Fue Friedrich Hayek, en su libro "Camino de servidumbre" (1944), quién marcó las primeras directrices[19], llegando a afirmar: "No demorará mucho tiempo para que las personas se convenzan de que la solución está en despojar a la autoridad de sus poderes en el ámbito de la educación…"[20] Sus tesis fueron consagradas cuando obtuvo el premio Nobel en 1974. La argumentación de Hayeck contra el "Estado del bienestar", no tiene una base economicista, no plantea la falta o no de recursos económicos, es una oposición de base filosófica. En un giro lingüístico afirma que la mejora de las condiciones de vida de las clases subalternas promovidas por el incipiente "Estado del bienestar" ya estaban presentes en el programa de Adolfo Hitler, por tanto debían ser rechazadas. Extraño argumento, sobre todo teniendo en cuenta las simpatías hacia el nazismo que profesaba el personaje.

En una primera fase, cuando los movimientos sociales eran poderosos en la Europa de la posguerra y el prestigio de la Unión Soviética se mantenía alto, estos postulados eran desdeñados y contaban con poco eco. Años más tarde, cuando las fuerzas dominantes en lo político y lo ideológico sufrieron un cambio radical, las ideas de estos pensadores fueron ganando crédito e incluso tuvieron una influencia nada desdeñable entre otros autores. Así,

---

18. **Hayek, F.** "Camino de Servidumbre", Alianza Editorial, Madrid, 1977
19. **Hayek, F.** Ob. Cit.
20. **Hayek, F.** "Los fundamentos de la libertad", Centro de Estudios sobre la libertad, Buenos Aires, 1982. Pág. 497.

en las lecciones dictadas por Foucault entre 1978 y 1979 y tituladas "Nacimiento de la Biopolítica", el autor acabó haciéndose eco de la tesis de Hayeck sobre el nazi-fascismo como resultado inevitable del movimiento socialista. Era la fórmula para dotar de un argumento formidable a la política contra el Estado social. Una vez desacreditado definitivamente el Estado social y el socialismo se puede proceder tranquilamente a destruir ese estado social y liquidar los "derechos sociales y económicos".

Por otro lado, estos dos patriarcas del neoliberalismo, Hayeck y Mises, vinculan el rechazo al estado social con la condena de la democracia de masas, los partidos de masas y los sindicatos. Su elogio del mercado corre así parejo con la existencia de un mundo imaginario, aún no contaminado por el sufragio universal ni siquiera por el sufragio censitario. Así Mises dirá: "la gran masa no tiene capacidad de pensar lógicamente" y de "comprender los problemas bastante complicados de la vida social". Para Hayeck la mejor solución podría ser un "sufragio limitado sólo a los terratenientes o aquellos que tengan un cierto nivel económico". Lo que queda claro según la postura de Hayeck es que "la participación popular" en las decisiones políticas, la "libertad colectiva", no es en absoluto algo esencial; insistir en ella, como empezaron a hacer los partidos de masas y los sindicatos a mediados del siglo XIX, expresa la ruinosa "decadencia de la doctrina liberal".

Hayeck es evidentemente crítico con el universalismo y la declaración universal de derechos humanos, rinde exclusivamente homenaje al "hombre occidental" en nombre del mercado y del comercio libre.

Otros pensadores, como Milton Friedman (muy influido por las ideas de Mises) o Karl Popper, hicieron suyos esos planteamientos. Los ejes centrales de esta doctrina son la innovación tecnológica, la baja protección social y la reducción del estado.

Desde el comienzo, la educación siempre estuvo en el punto de mira de las ideas neoconservadoras. Milton Friedman llegó a escribir: "Es bastante deseable que todos los jóvenes, independientemente de la riqueza, de la religión o del color, o, también, del nivel social de sus propias familias, tengan la oportunidad de recibir tanta instrucción cuanto puedan asimilar, siempre que estén dispuestos a pagar por ella, sea en el presente, sea a costa de rendimientos superiores que percibirán en el futuro, gracias a la instrucción recibida"[21]. La consecuencia de la adopción del modelo neoliberal es que éste genera enormes peligros para la construcción de sociedades democráticas. En el modelo de participación social, al contrario que en el modelo neoliberal, prima siempre la equidad por encima del concepto de rentabilidad político-económica. La fractura social que necesariamente producen los desequilibrios económicos neoliberales necesita de un cierto grado de legitimidad jurídica; ésta la proporciona la vía electoral, que, convenientemente manipulada, legitima que el débil, la ciudadanía, quede a merced de los poderosos. Así el estado moderno, especialmente el occidental, pierde la capacidad de articular las contradicciones entre mercado y comunidad; hoy, más que nunca, se ha convertido en servidor de los intereses económicos. En un intento de diluir las tensiones internas generadas por el propio sistema, se achacará la responsabilidad de la reducción de los beneficios sociales a "entes" supranacionales y a sus "expertos". Organismos como la UE, el FMI, el BM o la OCDE son la punta de lanza de un proceso que tiende a privatizar todos los sectores de la vida comunitaria.

La nueva derecha y los movimientos conservadores en las últimas décadas han tenido mucho éxito al redefinir las nuevas funciones de la educación. La debilidad de las fuerzas anti-neoliberales, su incapacidad para generar un discurso alternativo, ha permitido el avance de aquellas propuestas. Asistimos a un conflicto recurrente entre los privilegios de la propiedad y los derechos de las personas. En tiempos como el nuestro esto se agudiza por efecto de la crisis estructural que padecemos.

La solución propuesta por el sistema es la supresión de los beneficios sociales como fórmula para incrementar la tasa media de ganancia empresarial; especialmente la educación. Para Carnoy[22], los actuales movimientos masivos de capital dependen especialmente de la información, la comunicación y el conocimiento de los mercados globales. El conocimiento es fle-

---

21. Friedman, M. & Fiedman, R. "La tiranía del statu quo", Ariel, Barcelona, 1984.
22. Carnoy, M. "Globalization and Educational Reform: What Planners need to know", UNESCO, Cap. 22, pags. 22-36.

xible, por tanto es ideal para ser globalizado. Autores como Xavier Bonal[23] critican la educación entendida como factor esencial de la competitividad económica.

El papel que ha de jugar la educación en el futuro se está definiendo en este momento. Es un debate dicotómico: la educación al servicio de la economía o la educación al servicio de la sociedad y la cultura. El planteamiento no es nuevo; en torno a 1938 J. Dewey[24] ya planteó esta contradicción en los debates con los industriales norteamericanos de su época. Es un tema que necesita ser retomado a la luz de los actuales cambios políticos.

El modelo social propuesto precisa de requerimientos educativos nuevos y se hace necesario conseguir una mayor y más rápida intervención en los procesos productivos. Según la teoría neoliberal, la acumulación del conocimiento, la rapidez de su disponibilidad y sobre todo la capacidad de transformarlo en producción material o simbólica permitirían generar un valor añadido que colocase a los países o las sociedades en situaciones de liderazgo competitivo. Para conseguir este objetivo, se precisa modificar las esencias mismas del acto educativo.

A lo largo de la historia, las ideas, procesos o métodos habrán sido sustituidos, pero la escuela ha mantenido un principio casi incuestionable: la legitimidad social que le otorgaba el monopolio de la transmisión del conocimiento[25]. El modelo de escuela neoliberal que se desarrolla en las postrimerías del siglo XX y principios del XXI quiebra este concepto. La nueva escuela se concibe como una institución "dispensadora de servicios" donde los "clientes" los compran en función de su capacidad económica. Para conseguir esa nueva escuela, la falta de reconocimiento social del profesorado, que ya no ostenta la exclusividad en la transmisión del saber, es una

---

23. **Brown, P. y Laudeer, H.** "Educación, globalización y desarrollo económico", Miño y Dávila Ed., Argentina, 2007. Pág. 257-298.

24. **Dewey. J.** "Democracia y Educación" Morata, Madrid, 1995.

25. En este momento el gobierno británico ha autorizado a la compañía McDonald's, la compañía Network Rail y la compañía de vuelo de bajo costo Flybe a producir sus propios títulos de bachillerato.

de las claves. Al mismo tiempo es necesario desa-creditar aquello que se relacione con el saber y el conocimiento. Se impone una visión lúdica y banal de la realidad. Por ello, Vicente Romano[26] habla de la infantilización social.

Otros pensadores, como Nicolas Truong,[27] reflexionan sobre el peso perdido de dos conceptos fundamentales de la educación: el saber y la cultura. Para este autor la desculturización es un proceso en marcha en la misma medida que la enseñanza adquiere una formulación básicamente utilitarista. "¿Para qué sirve esto?" es una de las preguntas más reiteradas en el mundo educativo, tanto a nivel de alumnos como a nivel de "expertos". Los nuevos aires de la educación caminan en la práctica hacia el abandono de determinados postulados básicos en cuanto a esfuerzo, comprensión y memoria; el conocimiento como tal queda limitado a un saber aplicado: "…Nuestros estudiantes solo quieren saber, no quieren aprender…" añade el autor francés. Quieren saber de forma inmediata cómo funcionan las cosas, pero no quieren aprenderlas porque eso implica un esfuerzo que no están dispuestos a sostener. Se reduce el conocimiento a una acumulación de "saber hacer". El aprendizaje se convierte en la suma de competencias parciales. Se pierde intuición e imaginación, se impone el control, la evaluación y la uniformidad. En la práctica, se consigue atomizar la noción de cultura.

En paralelo a esta "aplicariedad del conocimiento" aparece otra noción básica: se está abandonando el concepto de "compensación de desventajas" por el de "libertad de elección del individuo" bajo las condiciones de un "mercado libre". En este contexto el concepto de "calidad educativa" (idea polisémica donde las haya) adquiere un nuevo sentido y transforma el discurso educativo de tal forma que el fracaso escolar se convierte en fracaso del estudiante y la responsabilidad de los estados en responsabilidad familiar.

---

26. **Romano**, V. "La formación de la mentalidad sumisa". El Viejo Topo, Barcelona, 2005.
27. **Truong**, N. «Contre l'idéologie de la compétence, l'éducation doit apprendre à penser», Le Monde, 09.02.2012.

La transición definitiva al nuevo modelo requiere dos premisas: la primera es que el estado deje de entender la educación como un servicio público; la segunda es que diluya su control permitiendo que lo ejerzan "las fuerzas del mercado".

Capítulo 3

La globalización educativa y el modelo español

El modelo escolar español se inserta plenamente en las propuestas diseñadas por los organismos de la globalización económica (Banco Mundial, Fondo Monetario Internacional, Organización Mundial de Comercio, Unión Europea). La crisis económica que vive la UE es el marco perfecto para acelerar los cambios propuestos con una resistencia mínima. Los problemas del déficit o la deuda son la excusa perfecta para imponer de forma acrítica los nuevos principios. Frente al cambio de paradigma educativo que se ha venido gestando durante decenios, la respuesta de las fuerzas progresistas ha sido átona, descoordinada y fragmentaria.

Como anuncia George Lakoff,[28] la izquierda, al asumir el discurso neoliberal, ha acabado usando los argumentos de la derecha, no ha sabido anteponer su propia concepción de la realidad y, por ello, se ha visto situada permanentemente a la defensiva. La respuesta ha sido débil porque se utilizan el discurso y los valores conservadores. Pongamos un ejemplo: en el momento presente el concepto de "libertad de elegir", asumido tanto por la derecha como por la izquierda, se traduce en la práctica como la perpetuación de una doble red educativa financiada, eso sí, con fondos públicos. Para poner un toque de humor: es como si el vecino rico quisiera ir al centro del pueblo y, pudiendo ir en autobús, tuviéramos que subvencionar su "Mercedes".

---

28. **Lakoff, G.** "Piensa en elefante" Ed. Complutense, Madrid, 2007

La educación en España se halla enfrentada a una difícil tesitura y no nos referimos a tal o cual gobierno en concreto, sino a tendencias de fondo. El abandono de la escuela pública por parte de sectores sociales populares ha ido de la mano de la aparición de un "pensamiento único educativo" que se ha manifestado de múltiples formas.

En nuestro país y desde las propias instancias de la administración pública y a través de un discurso de "expertos asesores" enviados a las escuelas, se ha sostenido, por ejemplo, que el conocimiento no era necesario puesto que ya se contaba con un instrumento (o mejor tabla de salvación), las TIC. Según eso, las nuevas tecnologías serían el sustituto no sólo del libro sino del esfuerzo que encierra todo proceso de enseñanza-aprendizaje. Ahora bien, como analizaremos más tarde, de la teoría pedagógica escogida e impuesta (el constructivismo) se hizo una lectura sesgada, dócilmente acogida por la mayoría de las facultades de pedagogía y trasladada acríticamente a las aulas, desde las de primaria a las universitarias. El modelo teórico y su fundamentación psicológica son muy discutibles por su parcialidad pero tienen la virtud de adecuarse a los objetivos de la escuela neoliberal.

La LOGSE (1990) fue la primera ley española que acogió esos postulados e intentó implantarlos en todos los niveles educativos; muchas de estas concepciones perviven en las nuevas propuestas pedagógicas del aprendizaje por competencias.

Las fuerzas de la caverna profundizan más y más la fragmentación del modelo, traspasando cada vez más la barrera entre lo público y lo privado y, en ese "totum revolutum", instituciones privadas intentan pescar en río revuelto. Por ejemplo: la fundación del BBVA pretende formar sus propios docentes. Otras ONGD, como Save the Children, pretenden proveer de licenciados y diplomados como profesores sustitutos, sin cobrar, allí donde hicieran falta. Desde hace años, la ONGD "Empieza por educar"[29] (institución extremadamente reaccionaria, ligada al Tea Party republicano y apoyada por la "Caixa" y el Banco de Santander) también pretende intro-

---

29. https://cipe.uclm.es/noticias/oferta-del-programa-empieza-por-educar-exe/

ducir sus propios "licenciados en excelencia educativa" en todos los niveles, además de denostar el actual modo de acceso a la función pública.

El proceso de emancipación social que trajo las conquistas del "estado del bienestar" se extendió a lo largo de dos siglos y costó ingentes sacrificios; en cambio la mutación de ese modelo a la nueva sociedad neoliberal es un proceso tan rápido que escasamente ocupa dos décadas. La transición definitiva al nuevo modelo requiere, como una de las condiciones básicas, que el estado deje de entender la educación como un servicio público. De la experiencia de otros países, en especial los latinoamericanos, concluimos que la recuperación de algunas de las conquistas perdidas será un trabajo de titanes en un horizonte de generaciones.

La Unión Europea en la actualidad, como la Comunidad Económica Europea en su momento, tuvo claro cuál era el papel atribuible a la educación: "los sistemas de educación y formación contribuirán a la competitividad europea, siempre que se adapten a las características de la empresa del año 2000".[30] La UE ha declarado que Europa y su economía deben "convertirse en la economía del conocimiento más competitiva y dinámica del mundo, capaz de un crecimiento económico duradero".[31] La UE ha influido y seguirá influyendo en las políticas educativas de los diversos países; por eso, y bajo una apariencia de diversidad, los diferentes modelos europeos tienden a la uniformidad en sus líneas básicas.

En esta línea, se han realizado múltiples encuentros ministeriales que pretenden normalizar el Espacio Europeo de Educación superior como fue la conferencia interministerial de los signatarios de la Declaración de Bolonia el 14 y 15 de mayo del 2015 en Yerevan (Armenia), donde los ministros aprobaron la nueva versión de "Criterios y Directrices para la Garantía de Calidad de la Educación Superior". Los criterios básicos fueron diseñados con anterioridad en la Conferencia Ministerial de Bergen en 2005 y

---

30. **Hirtt, N.**, Ob. cit. Pág 2.
31. **Reding, V.**, Dirección General para la Educación y la Formación "Objetivos concretos futuros de los sistemas de educación". Comisión Europea. UE. 2000. Citado por **Hirtt, N.** "Los tres ejes de la mercantilización escolar". Cuadernos Caum. 2010. Madrid.

son la clave para establecer los criterios que deben regir la garantía de calidad interna de las universidades y de las agencias de evaluación de la calidad en Europa, así como la naturaleza de los procesos de evaluación externa.

En España, el proyecto de Escuela Neoliberal entró de la mano de los gobiernos socialistas y fue continuado entusiásticamente por los conservadores. En su gestación se dieron la mano figuras tan importantes del mundo político y económico como José Antonio Maravall (Ministro de Educación en el gobierno de Felipe González), Pasqual Maragall (expresidente de la Generalitat de Catalunya), Ernest Maragall (hermano del anterior y Conseller d'Ensenyament de la Generalitat catalana), Antoni Brufau (presidente de Repsol-IPF), César Alierta (presidente de Telefónica), Emilio Botín (el que fuera presidente del Banco de Santander)… Al apoyo político se sumó una importante producción pseudo-científica desde vertientes como la psicología y la pedagogía aplicada que facilitaron la penetración de la nueva ideología.

España ha sido un campo de batalla educativo. Los cambios de modelos pedagógicos empujados por la filosofía de la "modernidad" se han sucedido uno tras otro, sin solución de continuidad, acrecentando el llamado "malestar en las aulas"[32]. Desde el advenimiento de la democracia hemos tenido dos grandes leyes educativas con UCD, cuatro con el PSOE y dos con el PP, incluyendo la actual, y todas, sin excepción, se han justificado en la búsqueda de una mayor "eficacia" y calidad. Esta avalancha legislativa, en muchos casos contradictoria, ha provocado el efecto contrario: una crisis permanente que ha derivado en crítica continua, incapaz de buscar alternativas reales. El debate educativo se ha convertido en una batalla entre partidos políticos que han utilizado la educación como arma arrojadiza. La incapacidad o falta de voluntad para el acuerdo ha preparado el terreno para admitir sin oposición las recomendaciones de los organismos internacionales.

La integración de nuestro país en el concierto internacional europeo se

---

32. **Fernández Martorell, C.** "El aula desierta" Montesinos, Barcelona, 2008. Pág. 29-33.

hizo con el retraso acumulado por la dictadura[33]. Aun así, el modelo educativo español se fue adaptando de forma rápida a las directrices que emanaban de los Organismos Internacionales. Por ejemplo, en la Ley General de Educación de Villar Palasí se percibe la influencia de los técnicos de la UNESCO al introducir como fundamento epistemológico las teorías de Piaget y su Psicología Genética[34]. Posteriormente, técnicos enviados por el Banco Mundial introdujeron las teorías constructivistas en boga en la ley clave en todo este proceso, la LOGSE (Ley Orgánica General del Sistema Educativo). En ese sentido podemos afirmar que la influencia de las instituciones internacionales siempre ha estado presente en el desarrollo de nuestros modelos educativos.

---

33. **Benitez, P, M.** "Educación e ideología en la España contemporánea" Labor, Barcelona, 1980. Pág.432-502
34. **Varea, J.** "La Reformas educativas a debate" Debate, Madrid, 2007

Capítulo 4

Los rasgos del nuevo modelo

En el modelo de escuela neoliberal coinciden tendencias generalizadas que, de hecho, pretenden transformar y reducir el denominado "estado del bienestar", transformándolo en otra cosa. Para conseguirlo, el sistema escolar público es uno de los objetivos básicos a destruir. En este sentido no podemos hablar de "nuevo horizonte educativo" sino de líneas estratégicas. En general, podemos distinguir nueve grandes rasgos:

a) **Estandarización educativa**

Sus orígenes se sitúan durante la década de los 80 en EEUU cuando se formuló la ley Meta 2000 bajo la presidencia de Bill Clinton. Nuestro país recogió parte de esas propuestas y las tradujo como "Objetivos Generales de Enseñanza".

b) **Desarrollo generalizado de indicadores de competencia (evaluación educativa)**

Su objetivo es definir lo que es útil y evaluarlo. Evaluar no es ninguna práctica nueva, ya que tradicionalmente el profesor ha puesto nota a sus alumnos[35]. La diferencia radica en que el objetivo del nuevo principio será justificar los cambios con la excusa del "fracaso educativo"[36]. La evaluación

---

35. **Bonal. X**. "Política educativa i igualtat d'oportunitats" Mediterrània, Barcelona, 2004.
36. Prácticamente todas las reformas educativas introducidas en nuestro país han tenido

alcanza así fines punitivos, situándose en el centro del modelo.

En la actualidad, la tendencia en EEUU, el Reino Unido y la UE es unir los conceptos retributivos o las condiciones laborales de los profesionales al "éxito escolar", visto desde la perspectiva de las múltiples evaluaciones que sufren los alumnos.

En Inglaterra, el cambio de normativa impulsada por el gobierno conservador permite el despido de los profesores en función del resultado escolar de sus alumnos. Edexcel[37], la mayor empresa de pruebas educativas de Inglaterra, ya ha anunciado la creación de «un sistema automatizado de corrección de exámenes basado en la inteligencia artificial" y, según el portavoz de la empresa, se podría prescindir de examinadores humanos, eliminando así las distorsiones producidas por el cansancio o la subjetividad.

También en nuestro país el desarrollo de indicadores de competencia sigue las pautas del modelo anglosajón al tiempo que intenta crear un ranking de eficacia más o menos explícito[38]. Se refuerza así la fantasía meritocrática de que todos parten de las mismas condiciones, aunque en ningún caso se ha podido demostrar que a mayor número de evaluaciones el rendimiento educativo sea mejor. La escuela pública es la gran perjudicada, puesto que está obligada a admitir todo tipo de alumnos mientras la privada concertada tiene sistemas de filtraje[39].

En los últimos años el diseño de indicadores de medidas de evaluación se ha convertido en una auténtica fiebre, tanto en la enseñanza primaria como secundaria o universitaria. La presión política para adecuar el modelo nacional y hacerlo asimilable al contexto europeo lo ha convertido en una

como premisa la reducción del llamado "fracaso escolar".

37. La empresa pertenece al magnate de la comunicación Murdoch, una de cuyas editoriales de bandera es la Pearson.

38. En este sentido la propuesta de Ley de educación del ministro Wert (LOMCE) modifica los postulados de la LOE y permite que los padres puedan escoger centros en función de las notas obtenidas en los diversos informes evaluadores. Las sucesivas reformas educativas han dejado el camino expedito para alcanzar esta premisa.

39. Los últimos análisis de los Informes PISA demuestran que controlando la variable "clase social" los resultados escolares entre la escuela pública y la privada-concertada son similares.

necesidad. La mayor parte de las comunidades autónomas tienen en sus planes para las reformas educativas aumentar la intensidad y frecuencia de las evaluaciones. En algunos casos, desde el propio Ministerio (MEC) se fomenta un incremento retributivo a los centros en función de su "éxito escolar". Las propuestas que se están gestando son múltiples: van desde unir los resultados al sueldo de los docentes como hemos indicado, hasta desarrollar los bachilleratos de excelencia como se propone desde la Comunidad Autónoma Madrileña.

c) Implantación acelerada de las TIC

Es uno de los elementos centrales del proceso de globalización educativa. Permite individualizar y fragmentar el conocimiento e influye decisivamente en las formas de organización social. Es así mismo un acelerador de la transformación de los sistemas educativos y una de las claves del desarrollo del mercado mundial de la educación. España ha participado a través de las multinacionales del sector (Telefónica) en el diseño del modelo europeo y en la elaboración del "Informe Bangemann" (uno de los documentos clave del modelo en el que participó Pasqual Maragall, una de las grandes figuras de la política española).

La esencia de este documento es simple: no se trata tanto de mejorar los niveles de comprensividad de la escuela, como de conseguir la penetración de las nuevas tecnologías para mejorar la "competitividad económica" y desarrollar el lucrativo negocio de las TIC. Porque ¿qué mejor forma de incrementar el consumo de aparatos tecnológicos que la de educar a los futuros consumidores? ¿Qué mejor camino para ello que hacer de la informática educativa el centro del debate escolar? Nuevamente los datos empíricos cuestionan las bondades de la Informática educativa que se nos había vendido como la "herramienta definitiva" contra el "fracaso escolar". EEUU, donde una generación y media de estudiantes ha hecho su recorrido de manos de las nuevas tecnologías, presenta unos niveles bajísimos de "éxito escolar", como demuestran los sucesivos Informes Pisa[40].

---

40. Los últimos informes oficiales publicados por el gobierno federal señalan que el 66%

d) La descentralización

En la medida que el proceso de privatización escolar se acelera, más se profundiza esta tendencia en nuestro país. La creación de "facto" de un "cuerpo de directores", la retribución diferenciada, los cambios continuos de normativa de comienzo de curso, la falta de continuidad de los procesos educativos… generan una situación de confusión que favorece la privatización encubierta de la gestión. La globalización ha entrado en el mundo escolar de la mano de una ideología muy alejada de la mejora educativa. La descentralización implica también la deslegitimación del estado como emisor y garante de la titulación académica. La tendencia proviene nuevamente del mundo anglosajón, donde la capacidad de los directores escolares para contratar o despedir, gratificar o penalizar está en auge.

e) Reformas financiero-dependientes.

La tendencia general que preconiza el BM (Banco Mundial) y otros organismos como la OMC (Organización Mundial del Comercio) es la liberalización y la privatización de los servicios públicos; se consigue así reducir la financiación pública en beneficio de una mayor intervención del mercado. La inversión educativa representa un ejemplo innegable de la situación que mencionamos.

Hirtt[41] establece tres períodos desde la II Guerra Mundial hasta el presente: En el primero, desde 1945 a 1965, predomina un fuerte empuje en la inversión educativa. El segundo comprende las décadas de los 60 y 70, el momento en que las demandas del tercer mundo cobran una gran importancia proponiendo nuevos modelos sociales. El tercero a partir de 1970, cuando las reformas neoliberales inciden especialmente en la reducción de la inversión y sustituyen la cooperación educativa por propuestas disciplinarias. Esta tendencia a la reducción se mantiene en la actualidad a través de múltiples vías, desde el aumento de la ratio alumno/profesor

---

de los alumnos no alcanzan los niveles mínimos de lecto-escritura señalados por las autoridades escolares.

41. **Hirtt, N.** Ob. cit. Págs. 3-10.

hasta fórmulas directas de financiación del sistema privado vía subvención, pasando por la descentralización o la dirección gerencial.

Los ajustes estructurales impulsados por los organismos internacionales están socavando la educación pública al tiempo que se desarrolla el negocio privado. Según la Unesco, con datos del 2009, la educación mundial representaba el 4,9% del gasto público total a nivel mundial[42]. Es un mercado que está siendo asaltado de forma progresiva. Para evitar la reacción social se busca el asentimiento colectivo en una estrategia de penetración paulatina. Nuestro país padece este afán de recortes siguiendo una estrategia política ensayada en otros países.

f) La libre elección de centro

La extensión de las reformas se fundamenta en una falsa precondición democrática: la "elección libre del centro" y, como las anteriores, se aplica en cada país de forma diferente.

El advenimiento de la democracia en España obligó a introducir modificaciones al Concordato firmado con la Santa Sede en 1953. Las negociaciones para el nuevo acuerdo se llevaron a cabo en 1978 antes de la discusión de los artículos 16 y el 27.3 (sobre libertad religiosa) de la Constitución Española. El nuevo concordato fue finalmente rubricado el 3 de enero de 1979, cinco días después de que entrara en vigor la Constitución. La principal beneficiaria fue la Iglesia Católica, que pudo mantener el control ideológico sobre una parte nada desdeñable de la población y, sobre todo, obtener pingües beneficios a costa de las subvenciones otorgadas desde el erario público[43]. Ningún gobierno, ni del PSOE, ni por supuesto AP ni el

---

42. http://www.uis.unesco.org. Aunque los datos son siempre muy estimativos, dada la falta de indicadores en muchos países.

43. http://www.ine.es/. El 58,8% de la financiación del sector tiene su origen en transferencias públicas, mientras que la inversión de las familias representa el 37,6% del total, el 3,6 serán donaciones. La financiación pública representó en la escuela privada el 10,5% de sus ingresos. En el ejercicio 2011 según el INE (instituto Nacional de Estadística) el beneficio neto obtenido por las escuelas privadas o privadas-concertadas se acerca a los 650 millones de euros.

PP, ha cuestionado, de manera efectiva, el modelo de conciertos, amparados en la denominada "libertad de elección".

La aplicación del principio de libre elección de centro está sometida también a consideraciones de distribución espacial de la población y de recursos económicos de las familias[44]. Sectores sociales de barrios desfavorecidos tienden a llevar a sus hijos a escuelas públicas y a privadas-concertadas los que están en mejor situación. Mientras, los hijos de clases más pudientes pueden optar por otro tipo de centros, donde la calidad no se mide solo por los conocimientos impartidos sino por la adscripción social de las familias.

g) La eficacia gestora

La acción pedagógica se evalúa como la producción de un cierto valor "añadido". Las raíces de esta visión son antiguas, pues su rastro ya se detecta, entre otros, en los estudios de Alfred Binet y Edward Thorndike[45], cabezas visibles de una corriente que ha impregnado la pedagogía y la psicología desde 1918 hasta nuestros días.

La aplicación práctica de estas investigaciones los convirtió en adalides de los «productos educacionales» con el eslogan «Todo lo que existe, existe en una cierta cantidad» pero fue en EEUU donde la investigación alcanzó mayor grado de implementación. Se generalizó a gran escala la cuantificación escolar, como confirma el éxito notable de los libros de estos autores, según señala Lawrence A. Cremin[46].

La eficacia gestora, evaluable y medible por métodos estadísticos, se ha erigido como una de las normas supremas. Lise Demailly[47] afirma que la

---

44. **Bonal, X, Essombra, M. A, Ferrer, F** . "Política educativa i igualtat d'oportunitats. Prioritat i propostes". Mediterrània, Barcelona, 2004. Págs. 13-18.
45. **Binet, A y Simon, T.** «Le dévelopement de l'intelligence chez les enfants» L'année psychologiqu, 14, págs. 1-94.
46. **Lawrenre A. G.** "The transformation of the school, Progressivity in American School" Vintage Books, Nueva York, 1964, pág. 185.
47. **Demailly, L. y Olivier D.** "La réorganisation managériale à l'École et a l'Hôpital".

escuela pone la «legitimidad de los procedimientos» por encima de la «legitimidad sustancial», base hasta ese momento del sentido mismo de la escuela. El nuevo discurso de la modernización educativa todo lo ve bajo el ángulo de la técnica, según señala Hannah Arendt[48]

h) La flexibilidad

Es uno de los objetivos más deseados. La imprevisibilidad generada por el modelo neoliberal imposibilita la planificación a medio y largo plazo. Las tecnologías avanzan, los métodos cambian. Ante la imposibilidad de gobernar el caos, la solución pasa por la adaptabilidad y la flexibilidad. La "nueva educación en valores" y dentro de ellos el concepto de "emprendedor" serán los encargados de promover la adaptabilidad al entorno.

i) El aprendizaje a lo largo de la vida

Desde la perspectiva neoliberal, el aprendizaje permanente tal y como lo entiende Delors[49] (a quien dedicaremos un apartado específico) presupone que las adaptaciones al mundo laboral son un trabajo largo y costoso. Es necesario trasladar ese coste añadido al Estado o bien al propio individuo.

El "aprendizaje a lo largo de toda la vida" es la solución. No es un aprendizaje con carácter humanista; ni siquiera tiene criterios especialmente novedosos. Se basa en conseguir la adaptabilidad a entornos laborales cambiantes para seguir siendo "productivos" y "maleables".

Education et société, De Boeck Université, nº 6 2000" Citado por Laval en "La escuela…" Pág. 336.

48. **Hannah, A.** "La crisis de la educación. Entre el pasado y el futuro" Barcelona, Península, 1996.

49. **Delors, J.** "La educación encierra un tesoro", Santillana Unesco, Madrid, 1996.

Capítulo 5
Equidad y modelo educativo

Los rasgos del nuevo modelo escolar que hemos intentado describir se nuclean en torno a las teorías del capital humano. Se conceptúa la educación como una inversión productiva; se teoriza que es el factor central del crecimiento económico y medio fundamental para reducir la pobreza.

Un cierto optimismo pedagógico imbuyó los sucesivos informes y documentos en décadas pasadas. La ecuación "aumento de la escolarización = reducción de la pobreza" se adoptó como una especie de "ley natural"[50] Se suponía que la reducción de la desigualdad social era directamente proporcional al incremento de la inversión educativa; la mejora del sistema educativo podía, por sí sola, reducir la brecha cada vez mayor entre poseedores y desposeídos. En cierta forma, ese optimismo resultó nefasto ya que servía de justificación para no implementar otro tipo de políticas que redujeran los niveles de injusticia, sin las cuales la tarea educativa no puede tener éxito. Esta concepción del "buenismo pedagógico" la hizo suya un gran sector de la denominada "sociedad civil" encuadrada en múltiples ONGD que hicieron de esta visión un auténtico "mantra"[51]. Como afir-

---

50. Sólo es preciso analizar el documento: Panorama de la educación 2013 Indicadores de la OCDE (http://www.oecd.org/edu/Panorama%20de%20la%20educacion%202013.pdf) para darse cuenta de la importancia que se le sigue dando.

51. **Nerín; G.** "Blanco bueno busca negro pobre" La Campana, Barcelona, 2011. La crítica que realiza el autor es sencillamente demoledora por su ajuste a la realidad de la cooperación internacional.

man Xavier Bonal y otros autores, la educación es motor de igualdad social siempre y cuando se vea acompañada de políticas de redistribución justa de la riqueza. Con ello no se omite la innegable importancia de las estrategias basadas en el conocimiento sino que las redimensiona.[52] El "voluntarismo educativo" se ha demostrado incapaz de contrarrestar las tendencias económicas de la exclusión y la desigualdad. La reducción de la pobreza no es consecuencia natural del crecimiento económico, sino de un esfuerzo con vocación política donde intervienen múltiples artífices.

Todo ello se ha querido contrarrestar con la utilización de un nuevo concepto: el de "satisfacción de la demanda", contrapuesto al de "satisfacción de las necesidades". Este concepto, el de "satisfacción de la demanda" es muy cuestionable. Ofrecer a cada uno sólo aquello que es capaz de pedir es favorecer formas de dominación, puesto que la demanda está desigualmente repartida.

Un ejemplo de esta disyuntiva fueron los estudios previos a la implantación de la LOGSE en nuestro país; estos plantearon nuevas cuestiones, entre ellas la de la "satisfacción de la demanda". Nuestra Ley General del Sistema Educativo (LOGSE), así como normativas posteriores, (la LOE o la LEC por ejemplo) sitúan la demanda (el currículum diferenciado en función de itinerarios escogidos) como una opción.

El concepto más acertado sería diferenciar entre la "satisfacción de la demanda" y la "satisfacción de las necesidades". Existen demandas que no satisfacen necesidades objetivas, sino que están creadas por la dinámica del mercado, y necesidades que no son demandadas. Un ejemplo es la distribución de los niños por centros. Sabemos que las escuelas mejores son aquellas que son heterogéneas, en cambio la distribución de la población tiende a la homogeneidad. En la práctica, la heterogeneidad no se de-

---

52. Los objetivos del milenio establecidos en el año 2000 fijaron alcanzar la universalización de la enseñanza básica en el año 2015. Es de señalar, según los datos de Naciones Unidas, que todas las regiones del mundo excepto dos (África sub-Sahariana y Asia occidental) presentan una tasa de matrícula en educación primaria de por lo menos el 90% (ONU 2008).

manda, aunque es un fenómeno que hemos de tener en cuenta para evitar los procesos de "exclusión hacia arriba"[53].

El axioma dominante es que debe mantenerse la inversión educativa como una prioridad para mantener o incrementar el capital humano; lo que quedaría por definir es cuánto y dónde. En general podemos afirmar que la inversión educativa ha ganado peso en la cartera de préstamos y ayudas al desarrollo. En las últimas décadas el Banco Mundial ha multiplicado de forma ininterrumpida sus créditos a la educación, 41 billones de dólares desde 1963 hasta el 2010[54]. Los créditos bilaterales, país a país, son incluso mayores en términos absolutos y relativos.

A pesar de este espectacular incremento de la inversión educativa las tasas de pobreza y desigualdad no se han modificado. El 26% de la población mundial sigue viviendo en la extrema pobreza[55]. El discurso ecuménico que iguala mayor inversión educativa a mayor desarrollo choca con la evidencia empírica que indica que los efectos esperados de la inversión sobre la reducción de la pobreza no se corresponden. La enorme reducción de los índices de pobreza extrema en países como Venezuela[56], Brasil[57] o China[58], se han producido por la conjugación de múltiples factores: inver-

---

53. **Bonal, X.** "Les desigualtats territorials de l'educació a Catalunya" Fundació Jaume Bofill, Barcelona, 2004.

54. **Bonal. X.** "Ser pobre en la escuela" Colección: Educación, Globalización y Desarrollo. Miño y Dávila, 2012.

55. Hasta el 2005 el Banco Mundial entendía la extrema pobreza como las personas que viven con menos de 1 dólar al día. Actualmente esta medida ha aumentado a 1,25 $ al día.

56. http://noticiaaldia.com/2010/10/oea-y-onu-confirman-amplia-reduccion-de-pobreza-e-indigencia-en-venezuela/ De 1998 al 2010 la pobreza pasó del 49% al 26,8 %, la pobreza extrema del 21% al 7,1. A su vez el Coeficiente de Gini se redujo del 0,49 al 0,38

57. http://www.politicapress.com/2011/11/ocde-%E2%80%93-brasil-logros-sin-preceden tes-en-reduccion-de-la-pobreza-y-la-desigualdad-2/ Tomando datos del IPEA (Instituto de Pesquisa Económica Aplicada), las reducciones del 45% de la población en 1993, al 20% en 2009.Datos refrendados por la OCDE.

58. http://spanish.china.org.cn/china/txt/2008-07/10/content_15985964.htm El número de personas en extrema pobreza en China ha descendido de los 250 millones registrados en 1978 a los 14,79 millones en 2007, de acuerdo con las estadísticas nacionales sobre la pobreza rural.

sión productiva en infraestructuras, social, socio-sanitario, asistencial… Todas ellas ayudan a mejorar los niveles educativos y estos a su vez mejoran la lucha contra la pobreza.

A pesar de la evidencia de los datos empíricos, no se ha hecho una investigación profunda sobre el tema[59]. El Banco Mundial ha estado ocupado únicamente en identificar las razones técnicas que explican el desaprovechamiento de la inversión educativa. Aunque este incremento sólo es una parte de un todo más amplio. Se evidencia así la enorme complejidad de la relación entre educación y pobreza. Cuestionar la inversión educativa es dudar de la educación como ascensor social y al mismo tiempo cuestionar las formas del reparto desigual de la riqueza.

---

59. En los trabajos de Bonal (2004, 2007) y Tabarini, (2008) se analiza la absoluta necesidad de la inversión educativa en cualquier estrategia de reducción de la pobreza, pero también señalan estos autores los limitados efectos de esa inversión sobe la reducción de las tasas de pobreza.

BLOQUE 2

LOS ORGANISMOS INTERNACIONALES

Capítulo 1

El contexto internacional

El proceso de cambio en el modelo educativo europeo es paralelo al desarrollo del concepto de Estado moderno. Es la generalización de la enseñanza primaria la que permite invocar, en momentos de crisis, la "defensa de la nación". Sólo así se comprende que la sociedad aceptara los grandes y sangrientos conflictos entre estados a finales del siglo XIX y XX.

En el Occidente Europeo el racionalismo de corte cartesiano no introdujo grandes cambios en la acción pedagógica en comparación con otras épocas históricas. Los avances en disciplinas como la psicología o las ciencias físicas fueron los encargados de plantear nuevos conceptos como el de complejidad o imprevisibilidad, lo que evidenció que no era posible entender las relaciones sociales y el avance científico desde un punto de vista meramente lineal. Se abrió paso la idea de que somos fruto de la interacción social. En paralelo, el desarrollo del instrumento científico como conocimiento aplicativo acabó por revolucionar el concepto de realidad y el propósito de la enseñanza.

La revolución técnico-industrial del siglo XX exigió progresivamente una mano de obra con mayor grado de cualificación. Los diferentes sistemas educativos respondieron a esta llamada introduciendo nuevos conceptos como el de tecnología y la filosofía de la modernidad. Se generó una visión nueva de la educación centrada en su valor económico. Aumentó el nivel de instrucción de trabajadores y consumidores porque la enseñanza empezó a verse como un medio de promoción social.

Este proceso se generalizó especialmente tras la Segunda Guerra Mundial. El enorme sacrificio que había representado la conflagración europea obligó a las clases poderosas a ceder parcelas de poder y crear un "estado del bienestar". La masificación educativa fue uno de los medios; aunque ese criterio cuantitativo no condujo a una educación ni más igualitaria ni más democrática. Como bien sabemos, las desigualdades sociales no desaparecen de las aulas si no se modifican las condiciones sociales y de clase.

En las décadas finales del siglo XX asistimos a la progresiva desaparición del modelo "taylorista/fordista" de producción, sustituido por otro basado en la especulación financiera, lo que provoca un nuevo cambio en la demanda y la oferta de empleo. La escuela, que hasta ese momento, había actuado como un regulador importante entre ambas, ya no puede cumplir con esa faceta y empieza a sufrir críticas desconocidas hasta el momento. Los cambios se suceden rápidamente: desarrollo de un currículum por competencias, descentralización, potenciación de la autonomía de los centros, reducción de programas entendidos como rebaja de los conocimientos, introducción de la evaluación, uso masivo de las tecnologías de la información y la comunicación (TIC)… En general, se aprecia un intento por adecuar profundamente la escuela a las exigencias de una economía capitalista que ha transitado a través de grandes crisis. En resumen: se abandona la época de la "masificación escolar" y se entra en la fase de la "mercantilización educativa". El sistema económico impone una reducción en la política de acceso al sistema educativo, de esta forma la fragmentación del mercado laboral se refleja también en los modelos curriculares.

Uno de los mayores riesgos que enfrenta la educación europea y occidental es el abandono de una visión amplia que permita la producción de nuevos conocimientos científicos desde su relación con los valores y los intereses sociales. Autores como Martha Nussbaum[60] nos ponen en guardia frente al concepto de una educación centrada en la utilidad procedimental, puesto que a medio plazo incluso el desarrollo industrial se verá profundamente comprometido; evidentemente, añade la autora, el propio concepto de Democracia será sometido a un proceso de regresión que condicionará las pro-

---

60. **Nussbaum, M:** "Sin fines de lucro" Katz, Argentina, 2010. Págs. 33-51.

pias estructuras sociales. Otros estudiosos, entre ellos el premio Nobel Amartya Sen[61], han reflexionado en la misma línea estableciendo que es preciso superar los límites del desarrollo económico y examinarlo como una totalidad de elementos que definen las variables del crecimiento.

La crisis, iniciada en la década de los 70, provoca la reducción sistemática de la inversión pública. Asistimos a la expoliación de la clase subalterna vía restricción al acceso a una educación de calidad; a cambio se promueve la enseñanza privada. Como es un tema extraordinariamente impopular, la fórmula para alcanzar este objetivo es introducir reforma tras reforma con el argumento de buscar una solución al fracaso escolar, que se convertirá en el "chivo expiatorio", en el responsable de los "supuestos" males que atemorizan la sociedad occidental, desde el botellón, la violencia juvenil o los malos hábitos de comportamiento…

Todo este estado de cosas precisa de una "legitimidad política" y una cierta institucionalización. Serán los "expertos" y sus "evaluaciones científicas", más supuestas que reales, quienes promuevan soluciones y recomendaciones. Como consecuencia se generará un discurso que fomentará aquellos modelos pedagógicos que requieran el uso de los nuevos avances tecnológicos (TIC, Internet…) mientras se desechan otras vías. Todo ello debidamente envuelto en un ropaje "ideológicamente neutral" inspirado en una concepción instrumental.

La literatura sobre el tema es abundante. En palabras de Delors, quien sintetizará a la perfección la idea central del nuevo proceso, "ya no debes saber, sino sólo saber hacer"[62]. Así, se desarrolla una ecuación perversa: a mayor flexibilidad y desregularización del mercado laboral tanta o más flexibilidad se exige a la escuela en sus productos resultantes (los alumnos); éstos han de adquirir competencias cognitivas que sean útiles para la patronal. Se pretende que la educación pierda el carácter de transformación social y se adecúe a los intereses del mercado.

---

61. **Amartya, S.** "El valor de la democracia". El Viejo Topo, Barcelona, 2006. P-ags.63-70.
62. **Delors, J.** "Educació hi ha un tresor amagat a dins" Ed. Mediterránea-Unesco, Barcelona, 1996.

En un texto escrito por Christian Morrison, el que fuera consultor del Banco Mundial y miembro de la oficina técnica de trabajo de la OCDE, se define en 1996 con claridad los objetivos del nuevo modelo educativo: "Después de esta descripción de medidas arriesgadas, se pueden aconsejar, por el contrario, numerosas medidas que no crean ninguna dificultad política, (…). Si se les disminuyen los gastos de funcionamiento a las escuelas y universidades, hay que procurar que no se disminuya la cantidad de servicio, aún a riesgo de que la calidad baje. Se pueden reducir, por ejemplo, los créditos para el funcionamiento de las escuelas o las universidades, pero sería peligroso restringir el número de alumnos matriculados. Las familias reaccionarán violentamente si no se matricula a sus hijos, pero no lo harán frente a una bajada gradual de la calidad de la enseñanza y la escuela puede progresiva y puntualmente obtener una contribución económica de las familias o suprimir alguna actividad. Esto se hace primero en una escuela, luego en otra, pero no en la de al lado, de tal manera que se evita el descontento generalizado de la población"[63].

Evidentemente, para saber hacer funcionar un ordenador, manejar un vídeo o el último trasto electrónico, para limpiar o vender, para manejar las armas en los modernos ejércitos, etc… no es necesario un alto nivel cultural. Las tareas importantes, las que requieren conocimientos y formación han sido encomendadas a las transnacionales de la información y la comunicación. La Escuela, el Instituto y la Universidad en Europa se están convirtiendo en centros esenciales de la estructura económica, pero cada vez más imposibilitados de permitir el acceso al saber que nos conduzca a comprender el mundo y por consiguiente a transformarlo. La norma suprema es la eficacia gestora; se cree que la acción pedagógica puede evaluarse como un "valor añadido". En el nuevo discurso de la modernización todo se ve bajo el ángulo de la técnica que rechaza cualquier otra visión alternativa. En todas partes se pone por delante una «legitimidad procedimental» (dirigir bien, organizarse bien, calcular bien, gestionar bien, comunicar bien) y se

---

63. **Christian, M.** "La fais habilité politique de l'ajustement". Cahier de politique économique, n° 13, OCDE, Centre de Développement, Paris, 1996.

rechaza la «legitimidad sustancial», el conocimiento, que constituía hasta ese momento el sentido mismo de la escuela. Este concepto desaparece del discurso oficial de la institución y queda relegado a mera fachada para "salvar las apariencias". El núcleo central del nuevo discurso se origina en los países anglosajones, especialmente Norteamérica. Para Hannah Arendt[64] los Estados Unidos es el país puntero y también uno donde es más patente el fracaso de la escuela.

---

64. **Hannah A.** "La crisis de la educación. Entre el pasado y el futuro" Península, Barcelona, 1996.

Capítulo 2
Las instituciones supranacionales

Las estructuras internacionales nacidas tras la Segunda Guerra Mundial tenían como objetivo gobernar el caos de la inmediata post-guerra y controlar la influencia del bloque soviético. En el campo educativo, han actuado de forma coor-dinada promoviendo la homogeneización, sobre todo en los últimos decenios.

La interdependencia entre organismos y actores individuales y la influencia decisiva de instituciones como la UE, FMI o ERT en el diseño del modelo educativo europeo son un hecho admitido. Esto tiene como consecuencia una similitud de las reformas educativas en países con características sociales muy desiguales y las aparentes diferencias no pueden ocultar la existencia de un tronco común. Aunque las dinámicas e incluso los tiempos son diferentes, es innegable la existencia de estas corrientes subterráneas. No será función de una única institución internacional desarrollar este proceso, sino de la interdependencia de múltiples interlocutores. El FMI formulará directrices que hará cumplir el BM, proporcionando o no créditos para su ejecución, mientras que la OCDE se especializará en la evaluación educativa (Informes PISA). Finalmente, la UE, a través de sus tratados (Maastricht o Lisboa…), impondrá determinadas normas legales o recomendaciones.

Distintos agentes han colaborado para imponer las nuevas propuestas. Los grandes organismos internacionales (Banco Mundial, Fondo Monetario Internacional) han impuesto sus políticas de ajuste duro, mientras otras instituciones de menor rango como la OCDE han preparado el terreno al emitir "informes de expertos" que consagran la doctrina establecida en forma de "recomendaciones". A su vez, estos organismos están mediatizados por la acción de los "lobbys patronales", por ejemplo la ERT[65]. Finalmente, al amparo de estos "informes técnicos" y supuestamente "neutros", los gobiernos tendrán la excusa para profundizar la política de desmantelamiento de los servicios públicos. Se argumenta que de no seguir sus recomendaciones el país perdería "competitividad". Tal y como venimos afirmando, ese último concepto ha sido asumido tanto por gobiernos conservadores como socialdemócratas. Éstos últimos se han hecho auténticos especialistas en oponerse inicialmente a las recomendaciones de la OCDE para aplicarlas más tarde amparándose en la filosofía del mal menor.

Las recomendaciones pueden aplicarse de forma diferente en cada país, pero la privatización es un rasgo común. Por ejemplo, en el Reino Unido, la empresa Serco[66], ligada al sector de la fabricación de armamento, se ha hecho cargo de la gestión de numerosas escuelas, de la inspección y la formación del profesorado. En Francia, el grupo Educinvest gestiona ya 250 escuelas privadas y realiza un volumen de negocio anual de más de 130 millones de euros. En Italia, la reforma Moratti (2006), además de suprimir el término «público» en el nombre del ministerio, entregó un cheque a las familias que optaran por la escuela privada con el objetivo de favorecer "la competitividad entre centros"; en paralelo, se promocionó la búsqueda de sponsors que patrocinaran las escuelas. La posterior reforma Gelmini (2010), entre otras medidas, redujo el gasto público, bajando la educación obligatoria de 16 a los 14 años.

Nuestro país se comprometió con esta dinámica desde antes del final de la Dictadura. La Ley General de Educación de Villar Palasí se cimentó con aportaciones realizadas por funcionarios de la UNESCO en el campo de la psicología genética de Piaget[67]. La LOGSE contó con el asesoramiento del BM para su redacción. La introducción de la Informática educativa se rea-

---

65. http://www.ert.eu/
66. http://www.serco.com
67. **Varea, J**. Ob. Cit. Entrevista a Juan del Val. Págs. 75-95

liza en nuestro país bajo la influencia decisiva del Informe Bangemann. Otras normativas posteriores (como la LOCE, la LOE, la LEC catalana o la LEA andaluza) tuvieron en cuenta el contexto internacional para extraer sus líneas maestras.

La actual crisis que afronta nuestro país permite la introducción de recortes financieros mientras se siguen transfiriendo recursos a las entidades privadas y las patronales religiosas. En este sentido, la política de privatización llevada a cabo por las Comunidades Autónomas de Madrid y Catalunya es modélica. En las dos comunidades (de momento), el BBVA ha propuesto que su fundación fije la formación y elección de una parte del profesorado de los centros. Por su parte, la comunidad andaluza ha intentado imponer criterios de evaluación del profesorado ligando resultados y salarios. Valencia, Murcia, Asturias siguen sus pasos. Son sin duda hitos importantes que marcan un nuevo rumbo.

Capítulo 3

La UNESCO

El nacimiento de la UNESCO se remonta al año 1945, aunque ya hubiera un precedente en 1922 cuando se creó un comité de cooperación intelectual. Su financiación iba a cargo de los países miembros, si bien el desvío en su origen de parte de sus presupuestos hacia el Plan Marsall fue un hándicap del que no se pudo recobrar. A día de hoy, esta organización cuenta con 195 miembros y 8 asociados. El ideario es, en esencia, "…igualdad de oportunidades educativas, no restricción en la búsqueda de la verdad y el libre intercambio de ideas y conocimientos". Ha sido uno de los pocos organismos internacionales que han mantenido una perspectiva humanista y sus objetivos abarcan el debate, la información, la regulación y el establecimiento de directrices. También actúa como un administrador de servicios y programas si los estados lo reclaman. Grandes objetivos pero escaso presupuesto, que no ha superado nunca el de una universidad mediana: es inferior, por ejemplo, al presupuesto de la Universidad Complutense de Madrid[68].

En la década de los 50 se vivió una fuerte expansión educativa, sobre todo en los países del Tercer Mundo, ligada a los procesos de cambio político y la descolonización. En 1963, la Unesco desarrolló un sistema de estadísticas internacionales y creó el Instituto Internacional de Planificación

---

68. http://pendientedemigracion. ucm.es/cont/descargas/documento39531.pdf?pg=cont/descargas/documento39531.pdf

educativa (sufragado por la Fundación Ford). El incremento presupuestario, aunque siempre insuficiente, se orientó a la educación secundaria profesional y los campos ligados a la modernización económica. Las directrices fueron impuestas por el Banco Mundial y el Fondo Monetario Internacional. La progresiva toma de conciencia de los países del Tercer Mundo, sobre todo a partir de la conferencia de Bandung (1955), empuja a los países ricos a desarrollar canales bilaterales de ayuda al "desa-rrollo", se refuerzan así los niveles de presión y de clientelismo político. Como demuestran investigaciones muy recientes, la Unesco permitió la expansión del modelo educativo que profundizaba en la ideología de la modernización económica.

Progresivamente, los países donantes han preferido incrementar las inversiones fuera de las instituciones internacionales; así la inversión educativa proveniente de las Ayudas Oficiales al Desarrollo del tipo multilateral pasó de 1.791 millones de dólares en el periodo 1999-2000 a 2.231 millones en el año 2006. La realizada por los gobiernos nacionales en sus convenios país a país parte de una inversión media anual de 5.167 millones de dólares en el periodo 1999-2000 y alcanza los 9.580 millones de dólares en el 2006.

Como vemos, la inversión educativa es un capítulo muy importante en las políticas gubernamentales y en los organismos internacionales. El aumento de la inversión ha incrementado la tasa de escolarización en la enseñanza secundaria; en el 2006 había 513 millones de estudiantes en el mundo (58% de la población en edad escolar), 76 millones más que en 1999. El promedio de años de escolarización ha crecido un 20% desde 1995, situándose en los 13,5 años a mediados del 2000[69]. Como ya hemos señalado, la década de los 60 es un momento de crisis donde los países dependientes comienzan a plantear que las relaciones de desigualdad política son las fuentes del subdesarrollo.

Entre 1968 y 1974 se inició un cambio económico fundamental; se inicia el declive del modelo fordista de producción y el inicio del deterioro de la hegemonía económica americana. La guerra de Vietnam y la crisis del

---

69. **Bonal**, X. "Globalización y educación". Ob. Cit. Pág. 25.

petróleo son los dos puntos de inflexión del proceso. Las propuestas neoliberales y monetaristas que acentúan el libre comercio y la reducción de los estados ganan peso. El periodo que comprende desde la década de los 70 hasta la actualidad vive bajo el paraguas de la denominada "globalización". Los estados, en su inmensa mayoría, abandonan las políticas keynesianas y adoptan el nuevo modelo monetarista y neoliberal, con una enorme expansión de las finanzas a nivel internacional. Se impone la limitación de la intervención del estado y la ampliación del libre mercado a nivel mundial. Esto coincide, como hemos señalado en el caso de la UNESCO[70], con la reducción o el fin de la financiación a las instituciones que formalmente apoyaban el "multilateralismo redistributivo" vigente desde la Segunda Guerra Mundial. La Unesco, como organización internacional, ha entrado en una crisis de carácter sistémico. Hoy en día el 70% de su presupuesto procede del Banco Mundial y está muy ligado a las directrices de esta institución.

---

70. El reconocimiento del Estado Palestino en el 2012 provocó la retirada de la financiación de EEUU e Israel de la organización.

Capítulo 4

El Banco Mundial (BM)

Puede parecer sorprendente, pero con bastante certeza podemos asegurar que el pensamiento sobre los futuros modelos educativos ha sido definido por el Banco Mundial. Su capacidad financiera, así como su influencia política, determinan la orientación de la educación en este siglo.

El nacimiento del BM se produce el 18 de junio de 1946 con el objetivo de financiar la reconstrucción europea y la explotación de las colonias; por tanto los proyectos relativos a la enseñanza o la salud quedaron marginados[71].

La dependencia del Banco Mundial respecto a Wall Street era absoluta, dado que, a comienzos de 1946, el 87% de los títulos europeos estaban en cesación de pagos (default), lo mismo que el 60% de los latinoamericanos y el 56% de los de Extremo Oriente. A pesar de los reiterados alegatos de algunos dirigentes del Banco Mundial, incluso del presidente Truman en su discurso sobre el estado de la nación de 1948, el BM no tuvo interés en desarrollar ninguna de las dimensiones sociales que se le suponían. En realidad, fueron los grandes magnates de la industria y las finanzas, principalmente norteamericanos, quienes definían los criterios de inversión en uno u otro sector.

El primer préstamo para la educación se otorgó en 1962. Hasta ese mo-

---

71. **Klein, Naomi,** "Banco Mundial: historias de hipocresía, corrupción y desprestigio". Sin Permiso. 06/05/07

mento las inversiones se habían dirigido hacia la creación de infraestructuras, pero ahora el objetivo planteado era otro: crear una base de técnicos formados en cada país siguiendo las teorías de Gary Becker[72] y Theodore Schultz[73] sobre el capital humano. En 1968 Robert McNamara, a la sazón presidente del Banco Mundial, permitió la extensión de los préstamos educativos. Fue en esta época cuando se contrató a Philip Coombs para estudiar la relación entre educación y pobreza rural, que posteriormente se convertiría en un documento titulado "La crisis mundial de la educación"[74].

El BM ha sido el vehículo por excelencia para introducir las nuevas regulaciones económicas. Su principio rector ha sido y es la reducción del coste en la prestación de los servicios públicos. No es sorprendente pues que el banco, a través de informes como el "Documento Sectorial Sobre Educación" (1995), señalara como estrategia la reorientación de los fondos hacia los niveles inferiores del sistema educativo y la privatización de la educación superior y secundaria: "La reducción del gasto por alumno, debe centrarse en los conceptos de eficacia y reducción de costes…" afirmaba en este documento[75].

El BM ha desarrollado tres principios directores: financieros, mercado laboral y modelos educativos. En términos financieros, el Banco Mundial y el Fondo Monetario Internacional han presionado a los estados para reducir el gasto social. El presupuesto para educación se ha reducido, obligando a la búsqueda de fondos económicos alternativos (privatización). En términos de mercado laboral, ha impuesto modelos educativos funda-

---

72. **Becker, G. S.** "El capital humano: un análisis teórico y empírico referido fundamentalmente en la educación", Alianza Universidad Editorial, Madrid, 1983.

73. **Schultz Theodore, W** "El valor económico de la educación", Unión tipográfica, México, 1968. Cap. III.

74. **Coombs. P.** "La crisis mundial de la educación", Santillana, Madrid, 1985.

75. Banco Mundial. Prioridades y estrategias para la educación. Examen del Banco Mundial. Washington. 1996. Citado por **Coraggio, J. L. y Torres, R. M.** "La educación según el banco mundial. Un análisis de sus propuestas y métodos", Miño y Dávila, Argentina, 1997.

mentados en una perspectiva empresarial. En términos de calidad, ha obligado a introducir cambios en la educación en función de las comparaciones internacionales.

a) La inversión educativa según el Banco Mundial

En el último medio siglo, el Banco Mundial ha invertido más de 41 billones de dólares en créditos y préstamos al sector educativo[76] y, sin embargo el gasto del Banco Mundial en educación no ha superado nunca el 15% del total de sus inversiones, aunque se le considera el mayor proveedor de recursos educativos.

La implicación directa del Banco Mundial en el ámbito educativo no se produce en realidad hasta la década de los 80-90 y no será hasta 1995 cuando esta organización marque definitivamente sus objetivos en un documento escasamente distribuido, y menos conocido aún, titulado: "Priorities and Strategies for Education. A World Bank Sector Review"[77]. El análisis de este documento nos muestra al Banco Mundial como portaestandarte del neoliberalismo. La aplicación de las medidas de ajuste estructural en la década de los 90 en Latinoamérica, y ahora en algunos países occidentales, siguen patrones similares. La capacidad y la influencia de este organismo le han permitido definir hoy en día la orientación de los sistemas educativos. Como ya hemos apuntado, en nuestro país, leyes de amplísimo calado como la Ley General de Educación (1970), la LOGSE (1990), LOCE (2002), la LOE (2006), la LEC (2009) y la LOMCE (2012-2014), muestran las huellas de esta visión neoliberal.

b) El Banco Mundial y el capital humano

Una de las premisas teóricas de esta institución es el concepto de "capital humano" como la inversión a medio/largo plazo hecha en educación para

---

76. **Bonal**, X. "Ser pobre en la escuela". Ob. Cit. Págs. 21-22.
77. Existe versión en castellano: "Prioridades y Estrategias para la educación. Examen del Banco Mundial", Banco Mundial, Washington D.C., 1996. Pag.194.

generar futuros dividendos. La variable "inversión educativa" por sí sola, descontextualizada y tomada como única referencia, ni mejora el llamado "capital cognitivo", ni coloca a los países en la senda del crecimiento. Como muestra, un botón: nuestro país, con una de las generaciones mejor preparadas de su historia, alcanza en estos momentos cifras de paro realmente descorazonadoras. La propia evidencia de los hechos demuestra la inconsistencia teórica de esta formulación que ha sido aceptada de forma acrítica por la mayoría de las instituciones públicas de los países desarrollados.

El gran objetivo de la educación será obtener la máxima rentabilidad de la "inversión en capital humano"[78]. La fórmula de cálculo se establece al comparar las diferencias de ingreso de las personas a través del tiempo, con o sin un tipo determinado de formación, y su costo para producirla. Es lo que se denomina "tasa de rentabilidad social de la inversión en educación".

El docente se convertirá en una especie de "coaching"; su objetivo será conseguir que sus alumnos estén en condiciones, en un futuro más o menos lejano, de lograr el máximo incremento de sus ingresos. De esta forma podemos establecer la rentabilidad o no del sistema. El alumno no es ni siquiera el objetivo del crecimiento económico. Esto se hace más evidente si se ve la competitividad como un fenómeno que debe ser estructural, transgeneracional.

La visión econométrica del documento se percibe desde las primeras líneas: "en casi todos los países las tasas de rentabilidad de la inversión en todos los niveles de educación son superiores al costo de oportunidad de largo plazo del capital, estimado generalmente entre el 8 al 10% en términos reales, lo que hace que la educación en general sea una excelente inversión"[79]. La pregunta que asoma inmediatamente es: ¿Qué habría pasado si la tasa de retorno hubiera sido inferior? ¿Qué alternativas habría estudiado el Banco Mundial en ese caso?

Las propuestas de este organismo referidas a los países en desarrollo insisten una y otra vez en el ahorro y en la economía de medios. El Banco

---

78. **Soler, N. R.** "El Banco Mundial metido a educador" Págs. 22-23.
79. **Soler, N. R.** Ob. cit. Pág. 24.

Mundial sigue apostando en general por un aumento de la ratio profesor/alumno y una reducción de los sueldos de los profesores que permitan abaratar los costos. Postula también para muchos países la reducción de los programas de alimentación escolar[80]. Este organismo es capaz de poner precio a la vida humana: se encuentra en las páginas del documento un análisis matemático referido a los costos/beneficios de la educación de las niñas pakistaníes: "Según dicho cuadro, educar a mil mujeres durante un año cuesta 30.000 dólares y, como contrapartida, aporta los siguientes beneficios: evita 60 muertes de niños que a un costo de 800 dólares cada uno significan un ahorro de 48.000 dólares; evita 500 nacimientos, que a 65 dólares cada uno ahorran 32.500 dólares; evita también tres muertes de madres, que a un costo de 2.500 dólares cada una supone un ahorro de 7.500 dólares. En total se ha producido un ahorro de 88.000 dólares, muy superior a la inversión alternativa de 30.000 dólares…"¿Quién es capaz de poner precio a la muerte de un niño o de una madre? Un nacimiento evitado ¿vale realmente 65 dólares?

c) La gratuidad y los créditos educativos según el Banco Mundial

Sobre temas como la gratuidad se propone el desarrollo de una serie de becas y créditos bancarios para grupos sociales muy seleccionados: "… Cobro de derechos de matrícula para toda la enseñanza pública superior, combinado con préstamos, impuestos y otros sistemas para permitir que los estudiantes necesitados demoren los pagos hasta que obtengan ingresos, y con planes de becas para vencer la resistencia de los pobres a acumular deudas con cargo a ganancias futuras inciertas"[81]. Una de las consecuencias prácticas de esta propuesta la tenemos en países como EEUU y el Reino Unido, donde los alumnos contraen deudas para estudiar que en algunos casos les conducen a la ruina económica al no poder hacer frente a su devolución[82]. La propuesta del BM de que los estudiantes paguen sus estudios

---

80. **Soler, N.R.** Ob. cit. Pág. 84.
81. **Soler, N. R.** Ob. Cit. Pág. 11.
82. http://noticias.prodigy.msn.com/internacional/articulo-bbc.aspx?cp-documentid= 3283 2672

con créditos que deberán devolver con posterioridad se convierte así en un auténtico nudo gordiano imposible de resolver.

La educación básica para el Banco Mundial ha de ser igualmente gratuita, aunque el organismo internacional insiste una y otra vez en la existencia de una correlación entre el saber, el conocimiento y el nivel económico. En la situación de ajuste duro que estamos viviendo, y viviremos durante muchos años, esta ecuación se rompe. Poseer un nivel de educación determinado –incluso superior– no es garantía de una mejor empleabilidad. Las políticas propuestas por el Banco Mundial no hacen sino fragmentar aún más las condiciones de los mercados laborales y aumentar la competencia entre los sectores sociales.

d) *La descentralización educativa y la libre elección de centro según el Banco Mundial*

Otro de los caballos de batalla del Banco Mundial en su cruzada contra la reducción del gasto es la descentralización educativa. Para el BM se ha de conseguir que "… compitan por los fondos proponiendo actividades de mejoramiento de la escuela que pueden recibir apoyo financiero…"[83] En muchos países ya se propone que las escuelas compitan por los fondos, utilizando para ello la propia evaluación educativa. En nuestro país se ha iniciado una especie de carrera por la excelencia donde los mejores institutos, medidos en parámetros definidos por la administración a su arbitrio, compiten por mejores dotaciones económicas.

La experiencia latinoamericana demuestra que, bajo el impulso de la descentralización, lo que se ha producido en realidad es una atomización del sistema y una competencia enormemente agresiva entre los diversos estamentos[84]. En aras de una economía "de libre mercado", y a través de la descentralización, se pretende transformar a los centros educativos en empresas. La propuesta que realiza el Banco Mundial es la de convertir a pa-

---

83. **Soler, N. R.** Ob. Cit. Pág. 103.
84. **Carnoy, M.** "La ventaja académica de Cuba. ¿Por qué los estudiantes cubanos rinden más?" FCE, México, 2010. Págs. 43-49.

dres y alumnos en consumidores. "Esta tendencia se debe a una perspectiva de la educación más orientada al mercado, en que los consumidores (padres y alumnos) eligen entre los proveedores (escuelas e instituciones) y a la actitud 'exigente' de un número cada vez mayor de padres y alumnos, que ya no aceptan que se les asigne a una escuela pública determinada, sino que quieren tomar sus propias decisiones…"[85].

Los términos "comunidad" o "participación" están perdiendo su sentido. La defensa de la libertad de elección trae como consecuencia la recomendación del banco para que exista una amplia red de centros privados. Desde su punto de vista "…para que la elección sea eficaz debe haber también escuelas privadas, además de las públicas…"[86]. La existencia de escuelas y universidades privadas promueve la diversidad y proporciona una competencia útil para las instituciones públicas, especialmente al nivel de la enseñanza superior"[87]

El estudio crítico realizado por Rosa María Torres sobre el BM[88] demuestra cómo el modelo escolar defendido por la institución cuenta con dos grandes olvidados: los alumnos y la pedagogía. En este campo, la propuesta metodológica que se desprende será el aprendizaje basado en las "competencias básicas". A este respecto, el documento señala: "…las competencias básicas en esferas generales como la expresión oral, los conocimientos de computación, la aptitud para comunicarse y para resolver problemas se pueden aplicar en una amplia gama de medios laborales y pueden permitir a la gente adquirir capacidades y conocimientos específicos para el empleo en el lugar de trabajo."[89]

Como podemos observar, muchas de las medidas que los diferentes gobiernos occidentales están adoptando valiéndose de la excusa de la crisis de

---

85. **Soler, N. R.** Ob. Cit. Pág. 136.
86. **Soler, N. R.** Ob. Cit. Pág.137.
87. **Soler, N. R.** Ob. Cit. Pag.77.
88. **Corraggio, J. L.** y **Torres, R. M.** "La educación según el Banco Mundial. Un análisis de sus propuestas y métodos. ¿Mejorar la calidad de la educación básica? Las estrategias del Banco Mundial". Miño y Dávila, Madrid, 1999. Pág. 75-95.
89. **Soler, N. R.** Ob. Cit. Pag.107.

la deuda son propuestas planteadas por el BM hace décadas. Hasta este momento no se las había podido integrar en las políticas educativas de los países desarrollados debido a la reacción popular, quedando limitadas a los países en vías de desarrollo. La situación de crisis generalizada del sistema económico hace posible la adopción de medidas de recorte más radicales y más intensas en estos momentos.

Capítulo 5

La Organización Mundial del Comercio (OMC)

La Organización Mundial de Comercio (OMC) aglutina en la actualidad a más de 140 estados. Es una institución relativamente reciente, creada en 1995, a partir de la coordinación entre diferentes países. Tiene pues una trayectoria histórica muy corta, pero acumula un enorme poder aunque está supeditada a los intereses de los países industriales. Ha ampliado su ámbito de intervención al comercio internacional, las inversiones, servicios y la propiedad intelectual. Es, en palabras de Boaventura De Sousa Santos[90], una asociación de estados, muy parecida a la ONU: en las dos, cada estado representa un voto; pero mientras en las Naciones Unidas se vota con poca frecuencia, la OMC lo hace más a menudo, aunque las decisiones se adoptan en otras instancias, fuera de la voluntad general.

La OMC carece de cualquier tipo de legitimidad democrática. Aunque cada país representa un voto en las decisiones de la institución, los países poderosos imponen sus condiciones para alcanzar los grandes acuerdos. La OMC cuenta con un órgano de solución de diferencias con la capacidad de sancionar duramente a aquellos países que no cumplan alguno de los acuerdos comerciales establecidos.

Limita la soberanía de los estados prohibiendo el desarrollo de determinadas políticas. Hoy el 25% del comercio mundial es fruto de los inter-

---

90. **Bonal, X y otros.** "Globalización y Educación". Miño y Dávila. Argentina. 2007. Pág. 208.

cambios de servicios; por ello la OMC considera de vital importancia regular los intercambios en este campo y pretende aplicar las mismas leyes al intercambio de bienes y a los servicios educativos.

En el ámbito educativo, la apuesta de la OMC tiene como consecuencia desarrollar dos conceptos que suenan a oxímoron, la "competencia" y la "cooperación": competencia para seleccionar al estudiante y al profesorado, cooperación porque la competencia no tiene sentido si no hay productos compatibles. Según esta institución los dos forman parte del comercio internacional de educación superior. Para la OMC, el mercado mundial de la educación requiere tanto de una cooperación regional como mundial. La propuesta de la organización tiene como fundamento establecer unas condiciones y criterios que obliguen a la transferencia de normas y la liberalización de mercados. Se parte de la premisa de que la educación es un artículo de consumo como cualquier otro y susceptible de negocio, por tanto debe financiarse y tratarse en un contexto de economía globalizada.

Esta concepción ha encontrado grandes resistencias. La Declaración de Porto Alegre (2001) firmada por universidades españolas y latinoamericanas se oponía a esta visión puesto que: "competencia lleva inevitablemente a la normalización y beneficia únicamente a aquellos que ya poseen el poder"[91].

___

91. http://www.gloobal.net/iepala/gloobal/fichas/ficha.php?entidad=Textos&id=4663

Capítulo 6

La OCDE

El propósito central de esta organización fue la reconstrucción de las economías europeas en el período posterior a la II Guerra Mundial. En su momento se denominó Organización Europea de Cooperación Económica (OECE). En 1961, y con el empuje que le proporciona el Plan Marshall, se convirtió en el organismo que conocemos hoy. Originariamente su función era de debate y puesta en común, tal y como lo definen sus propios estatutos, "… un ámbito de discusión en el que los legisladores y los responsables políticos puedan hablar sobre sus problemas, y en el que los gobiernos pueden comparar sus diferentes puntos de vista"[92]. En la actualidad tiene unas 200 áreas de análisis y ha desplazado a la UNESCO como foro central de coordinación de la política educativa entre los países capitalistas avanzados, siendo la fuente esencial de información en cuanto a estadísticas multinacionales.

La OCDE carece de mandato real para construir acuerdos internacionales. Su presupuesto es limitado, pero ha sido capaz de establecer la agenda internacional sobre los grandes temas educativos. Hasta épocas recientes sus informes no eran especialmente relevantes; pero, a partir de la redacción del informe "Panorama de la educación" (Education at a Glance) y, sobre todo, el informe PISA (Programme for Internacional Student Assessment) adquirió su relevancia actual.

---

92. Ministerio de Economía y Hacienda. Principios de gobierno corporativo de la OCDE. Madrid. 2005.

La OCDE es la principal responsable de haber introducido el concepto de "enseñanza para toda la vida" (life long learning) en el contexto educativo internacional, ideas que se desarrollaron en la década de los años 70 y cuajaron en los 90.

El discurso introducido por esta institución en torno a la calidad educativa se halla plenamente identificado con la lógica mercantilista. Su aplicación genera fuertes contradicciones en la práctica diaria de las escuelas. Se evidencia, como analizaremos en sucesivos capítulos, que el discurso "macro" afecta las dinámicas "micro". La influencia de las propuestas se extiende a los diseños curriculares, los modos pedagógicos y los instrumentos educativos. Ya no circunscribe su influencia al entorno universitario, como antaño, sino que abarca todos los ciclos.

La evolución de esta institución la sitúa como un instrumento clave de la globalización. No todos los estados han respondido de la misma forma. Normalmente los países angloparlantes han adoptado sus criterios sin excesivos problemas; otros como Japón, Corea o Finlandia… han pasado las recomendaciones de la OCDE por el filtro de sus propias historias y costumbres. En este momento, el objetivo es adaptar la educación a los requisitos del cambio económico dentro de un contexto de presupuestos nacionales estancados, centrándose además en los conceptos de privatización, elección, estándares y tecnología.

Los informes PISA

En el ámbito educativo el gran tema internacional es la "calidad educativa"[93]. Ése es el mantra desde hace décadas.

Los primeros estudios se remontan a la década de los años 20 cuando se aplicaban al control estadístico de la producción industrial. En la década de los 80 del pasado siglo se adaptan al mundo educativo. En 1983, la OCDE sienta las bases de su visión al publicar el informe titulado "Com-

---

93. Por ejemplo el documento del BM, al que hemos hecho referencia, sitúa la "calidad educativa", tal y como la institución la entiende, como una de sus prioridades.

pulsory Schooling in Changing World", donde afirmaba entre otras cosas: "durante los próximos diez años será prioritario el mejoramiento de la calidad de la escolarización obligatoria". Ya en esos años la OCDE era perfectamente consciente de que el término era casi inabarcable al señalar en el mismo informe: "En realidad, calidad significa cosas diferentes para distintos observadores y grupos de interés; no todos comparten las mismas percepciones de las prioridades para un cambio", razón por la cual "no es extraño que resulten a menudo controvertidas las afirmaciones acerca de la calidad de la educación".

La conferencia de 1984 en Washington y las reuniones sobre el tema de los ministros de educación concluyeron en el informe "Escuelas y Calidad Educativa" (1991). A partir de ese momento, la institución puso en marcha diversos estudios sobre los indicadores de calidad (PISA). Finalmente en el 2000[94] se aplicó la primera prueba. En paralelo, otras propuestas posiblemente más equilibradas como las del Instituto Internacional de Planificación educativa creado por la UNESCO (1963), fueron desechadas. A pesar de ello otros procesos evaluativos continúan ejecutándose; podemos citar el "Trends in International Mathematics and Science Study" (TIMSS). Como veremos más adelante, desde que se pusieron en marcha los estudios sobre los indicadores de calidad (PISA) se está desarrollando un isomorfismo curricular. La influencia de la homogeneización evaluativa es ya muy evidente, a lo que han contribuido especialmente el uso y "abuso" de los test de rendimiento y la proliferación de evaluaciones. El uso de estas evaluaciones genera mucha confusión aunque es una de las claves de la eficiencia que se nos propone. Su desarrollo se debe en gran parte a las presiones ejercidas por el Banco Mundial, que exigía datos estadísticos comparativos que permitieran reformar los sistemas educativos. Aunque el objetivo sea la búsqueda de una supuesta "eficiencia" o incluso "la mejora de la educación", los datos empíricos demuestran que la mayor cantidad de evaluaciones no es directamente proporcional al incremento de la calidad educativa. Países como EEUU, donde la evaluación está muy desarrollada,

---

94. http://www.oecd.org/pisa/39730818.pdf

no han visto mejorar significativamente los niveles de eficiencia escolar en las últimas décadas, bien al contrario[95].

Los estándares de evaluación fijados por la OCDE tienen sintéticamente tres características comunes: tener objetivos políticos, ser un proceso externo y la existencia de un organismo supranacional que inicia el proceso. Hay que recordar que la evaluación es una opción política y como tal es susceptible de cambiar cada cierto tiempo; por ello, aunque se hagan las mismas preguntas, podría no estarse evaluando el mismo indicador.

La dificultad o imposibilidad de definir directamente una realidad compleja y no completamente aprehensible como la educativa, obliga a seleccionar algunos indicadores y a desechar otros; por lo tanto vemos una realidad parcial, no absoluta como se nos pretende hacer creer. Evidentemente la elección de unos "ítems" u otros es una opción social y política que evidencia objetivos, ideas y propuestas impuestas por los grupos socialmente dominantes.

La evaluación propuesta es un proceso externo a la acción de enseñar y aprender que se realiza en muchas ocasiones sin haber definido los objetivos terminales. Generalmente los "ítems" se definen en organismos que no tienen en cuenta los niveles académicos realmente alcanzables y deseables. La evaluación y su proceso se han convertido en un lucrativo negocio para las empresas y los profesores universitarios de los departamentos de enseñanza que ayudan en su diseño. Es la justificación de muchos gobiernos para introducir nuevas formas de privatización de los servicios. En nuestro país, propuestas de leyes como la LOCE (Ley Orgánica de Calidad de la Educación o "Ley Castillo" propuesta por el PP), la LEC (LLei d´Educació de Catalunya, por un tripartito de "izquierdas") o el actual anteproyecto de la LOMCE (Ley Orgánica de Mejora de la Calidad Educativa, por el PP) se justifican con los resultados de las evaluaciones PISA.

---

95. http://eacea.ec.europa.eu/education/eurydice./documents/thematic_reports/ 130ES_HI.pdf (visión 06.09.2012). Las propias instituciones americanas reconocen que el 62% de los alumnos matriculados en las escuelas de ese país no alcanzan los niveles mínimos en lectura que las propias autoridades públicas dictaminan. En el caso europeo corresponde, según los datos de Eurídice 2012 al 20% de adolescentes de 15 años.

En realidad, esta especie de carrera por obtener buenos resultados en el PISA parte de una premisa errónea: no existen auténticos controles sobre los elementos contextuales. Por ejemplo, las estructuras de los sistemas educativos no son coincidentes: mientras la división entre primaria, secundaria y post-secundaria en países de nuestro entorno, responde al esquema 6/3/3 años, en España es de 6/4/2, y en otros países puede ser del 6/2/4 o incluso del 8/4. De la misma forma, hay países como Alemania, Finlandia o Estados Unidos donde existe un alto grado de descentralización educativa y por tanto se deberían hacer esfuerzos previos de estandarización y homogeneización en función de sus propios datos nacionales. Pero, aunque poco fiables, serán estos indicadores los que permitan una comparación entre los países y se usarán para decidir si un sistema educativo funciona bien o mal.

Los indicadores influyen también directa o indirectamente en el establecimiento de políticas educativas o bien se pueden utilizar para justificar procesos de liberalización y privatización. Investigadores reconocidos como Roger Dale señalan que los usos abusivos de la evaluación permiten "aprovecharla para establecer falsas comparaciones entre lo que es en realidad incomparable"[96]. Para establecer modelos comparativos es necesario reconocer que diferentes países responden de formas diferentes a problemas similares.

---

96. **Dale, R**. "Specifying Globalization Effects on National Policy: A Focus on the Mechanisms", Journal of Education Policy 14, nº 1: Pags. 1-17.

Capítulo 7

La Unión Europea y la convergencia entre sus miembros

A pesar de que la Unión Europea no se ha dotado de competencias educativas específicas, sí las tiene para coordinarlas. Su influencia deriva de la conexión entre las políticas económicas y las educativas.

La convergencia de los modelos en Europa no se ha implementado porque hubiera una voluntad común, sino por la existencia de poderosos intereses económicos. A pesar de ello, la homogeneización educativa es un proceso lento, dado que cada país, en función de sus propias características, realiza una concreción de estas tendencias generales y las traslada a aspectos normativos concretos. Los sucesivos libros blancos han servido de marco general donde definir fronteras y alentar tendencias en uno u otro sentido.

La Comisión Europea, el Consejo y en especial los diferentes grupos de presión como la European Round Table of Industrialists (ERT, Mesa Redonda Europea de los Industriales) marcan a través de sus documentos los ejes maestros del proceso. La proliferación de informes fijan un "antes y después" en la toma de decisiones de los países que forman la UE. Las sucesivas resoluciones ayudan a definir una especie de horizonte común educativo bajo la premisa de construir la denominada "Europa del Conocimiento y la promoción de la Ciudadanía Activa"[97] (Learning for Active Citizenship). En alguno de estos documentos se señala: "La educación

---

97. www.ec.europa.eu/education/archive/citizen/index_en.html "Europa del Conocimiento y la promoción de la Ciudadanía Activa" 1998.

y la formación deben desempeñar un papel esencial en la consecución de los objetivos de la Estrategia Europa 2020 de un crecimiento inteligente, sostenible e integrador, en especial dotando a los ciudadanos de las destrezas y competencias que la economía europea y la sociedad europea necesitan para seguir siendo competitivas e innovadoras." De igual forma, la UE define cuáles son las competencias básicas (entre las que se destaca la capacidad de emprendeduría) que deben poseer los estudiantes europeos y los futuros trabajadores en un mundo marcado por la inestabilidad, la fragmentación y la flexibilidad laboral. Podemos percibir en estas competencias (a saber: capacidad resolutiva, creatividad, iniciativa, toma de decisiones y competencias básicas en ciencias sociales y cívicas) ideas útiles especialmente al modelo económico, que no son por otra parte nada novedosas. Son propuestas derivadas del diseño creado por el BM en la década de los 90 y las sucesivas propuestas hechas por los "lobbys empresariales europeos", especialmente la ERT, a finales de la misma década. En esta estela el Consejo Europeo propondrá a los estados miembros que: "La educación y la formación deben desempeñar un papel esencial en la consecución de los objetivos de la 'Estrategia Europa 2020' de un crecimiento inteligente, sostenible e integrador, en especial dotando a los ciudadanos de las destrezas y competencias que la economía europea y la sociedad europea necesitan para seguir siendo competitivas e innovadoras..." Esta dimensión se reafirmará en otros documentos al señalar: "...El proceso de Copenhague, cuyas prioridades estratégicas para los próximos diez años se revisaron en la reunión ministerial de Brujas en diciembre de 2010, subraya que la educación y la formación profesional (EFP) desempeñan un papel esencial como apoyo de los objetivos de la Estrategia Europa 2020, pues gracias a él se contará con las necesarias cualificaciones y competencias de calidad"[98].

En otros documentos, el Consejo Europeo propondrá cambios de gran calado en los sistemas de evaluación y validación de los conocimientos adquiridos a lo largo de la escolaridad: "La Recomendación del Parlamento

---

98. Conclusiones del Consejo sobre el papel de la educación y de la formación en la aplicación de la Estrategia Europa 2020.

Europeo y del Consejo, de 23 de abril de 2008, relativa a la creación del Marco Europeo de Cualificaciones para el aprendizaje permanente, que fomenta el paso de la tradicional insistencia en «insumos del aprendizaje» –por ejemplo la longitud de una experiencia de aprendizaje, o el tipo de institución– a un planteamiento basado en «resultados del aprendizaje» –es decir, lo que la persona que aprende sabe, comprende y puede hacer[99]". Estamos delante de una propuesta radical: el criterio de aprendizaje progresivo medido por años o tipo de institución (escuelas) deja paso a otro sistema basado en la acumulación de "competencias" que pueden adquirirse por la vía clásica o a través de las nuevas instituciones privadas que surgirán.

Se evidencia, más allá de la retórica, que la UE está profundizando la crisis de legitimidad de la escuela europea, al mismo tiempo que cuestiona uno de los grandes pilares de la Ilustración, la emancipación por el conocimiento.[100]

a) Jacques Delors y la convergencia europea

Nunca se valorará lo suficiente la figura de Jacques Delors, presidente de la Comisión Europea entre 1985 a 1995 y quién, con seguridad, ha dejado mayor impronta en ella. Baste recordar que bajo su mandato se produce la firma de los "Acuerdos de Schengen" (1985), el "Tratado del Acta Única Europea" (1986) y el "Tratado de Maastrich" (1993), todos ellos "piedras miliares" en la construcción de una Unión Europea que hoy padece, fruto de los pecados originales cometidos en su gestación, una terrible crisis de representación y legitimidad democrática.

La figura del expresidente de la CE ha sido pintada con los bellos colores del europeísmo, del humanismo… Su libro "La escuela encierra un tesoro" se convirtió en texto de cabecera para legiones de nuevos estudiantes de pe-

---

99. Conclusiones del Consejo de 11 de mayo de 2010 sobre las competencias que sirven de base al aprendizaje permanente y la iniciativa «Nuevas capacidades para nuevos empleos» 26/05/2010

100. **Laval. C.** Op. cit. Pág. 15-29.

dagogía. Pero hay otros aspectos que han pasado desapercibidos o en los que no se ha insistido lo suficiente, como la perfecta sintonía que existió entre Jacques Delors y la ERT (European Round Table) que, como hemos señalado, es el mayor "lobby" empresarial europeo. Pero no se trataba meramente de una sintonía personal, sino de la simbiosis de intereses económicos y políticos. La influencia de Jacques Delors propició que, en las últimas sesiones de la reunión fundacional de la ERT en 1983, estuvieran presentes Etienne Davignon y François Xavier Ortoli, a la sazón comisarios de industria y economía respectivamente de la CEE. La relación pues entre la CEE y el empresariado europeo era y es muy estrecha.

En 1985, cuando Delors inicia su andadura como Presidente de la Comisión Europea, la idea de un mercado único no era una de las prioridades de los países miembros; no así para Delors. Su ideario toma prestadas un buen número de propuestas de la obra de Wisse Decker[101], (futuro presidente de la ERT y alto directivo de la Philips), entre ellas: la desaparición de las barreras comerciales y las fronteras fiscales.

"Cuando lancé en 1984-85, el proyecto de un gran mercado, la Mesa Redonda de los Industriales sostuvo este proyecto. Y, a día de hoy, los industriales invitan a los gobernantes a ir más deprisa aún, y no seré yo quien les diga lo contrario: tenemos necesidad de este empuje saludable, si no tendríamos tendencia a ir a un ritmo distinto de los acontecimientos"[102].

Bajo su mandato, Delors impulsa dos "Libros blancos". El primero, "Growth, competitiveness, employment. The challenges and ways forward into 21st. Century" (1993) tendrá dos influencias notables. Una será la del referido Wisse Decker, la otra el documento que, en ese momento, está desarrollando Martin Bangemann, el futuro "Informe Bangemann¨. El segundo libro blanco de Delors se titula "Enseigner et apprendre. Vers la societé cognitive" (1995). Estos primeros documentos nacen de la influencia directa del gran empresariado europeo que ve en las nuevas tecnologías nuevos nichos de mercado. A partir de este momento los distintos países

---

101. **Decker, W.** "Europe 1990: Una agenda pour l' action".
102. Declaraciones en el programa "La marche du siècle" en France 3, (1991)

de la UE inician una carrera encaminada a colocarse en la mejor posición de cara al desarrollo del nuevo negocio de las telecomunicaciones.

Sin embargo su libro más conocido es "La educación encierra un tesoro".[103] El texto, encargo de la UNESCO de cara al Año Mundial de la Educación, pretendía promover la adecuación de la escuela a las nuevas realidades económicas. Nació como respuesta a la situación de crisis que vivía la Unión Europea en ese momento y a la publicación en EEUU del "Informe Meta 2000" (1994). Su base epistemológica es el "capitalismo cognitivo"; es decir: incrementar, a través del conocimiento, el valor añadido de los productos empresariales europeos para que mejoren sus índices de competitividad internacional. Al final apreciamos un fuerte intervencionismo en cuanto a la adecuación de las políticas educativas a las necesidades del mercado.

Desde la perspectiva instrumental, que es la que se deriva de la filosofía del documento, la enseñanza vendría a ser un instrumento al servicio de un objetivo político-económico. Dos de sus consecuencias directas serán el desarrollo de los sistemas de indicadores de la OCDE y la aparición de una auténtica fiebre "evaluadora" que envuelve actualmente los sistemas educativos europeos. La expresión que utiliza el autor: "educación a lo largo de la vida" tiene cuatro principios: "aprender a conocer, aprender a hacer, aprender a vivir, aprender a ser".[104] Todos ellos señalan en el fondo la utilidad relativa del aprendizaje reglado y el conocimiento.

El texto ha influido poderosamente en los diseños curriculares de muchos países, también en el nuestro. Repetido "ad nauseam" por los "corifeos pedagógicos de turno" ha sido utilizado para denostar la necesidad del conocimiento. Se nos explicó que el aprendizaje venía de la mano de nuevas herramientas tecnológicas (las TIC especialmente). El conocimiento ya no era necesario, igual que no eran necesarios el esfuerzo ni la utilización de la memoria.

---

103. **Delors, J.** "Educació: hi ha un tresor amagat a dins". UNESCO, Barcelona, 1996.
104. **Delors, J.** "Educació hi ha un…" Ob. Cit. Pág. 85.

Las propuestas de Delors fueron amplificadas gracias a la psicología de base constructivista. La utilización torticera del método constructivista, por otra parte bastante incompleto además, ha tenido como consecuencia la reducción de los contenidos educativos y una relajación de la exigencia del esfuerzo intelectual: ya no había que aprender. Sumado todo ello al fracaso de la escuela como "ascensor social", ha acabado por incrementar la crisis general del sistema educativo. El consenso forjado en torno a la expresión "aprender a aprender", idea atribuida a Delors, aunque tomada en realidad de la obra de Pierre Faure (1904-1988), y panacea pedagógica donde las haya, se demuestra como extraordinariamente limitada.

En un intento por fortalecer el espíritu de Convergencia Europea, la Comisión a través del texto titulado "Construir Europa a través de la Educación y la Formación"[105] recomendó que los sistemas educativos incluyeran los contenidos de Educación Cívica.

El sistema educativo español incluyó en el currículo, haciéndose eco de la propuesta, una asignatura transversal titulada "Educación para la ciudadanía". La LOGSE[106], en su título preliminar, insistía en la idea de que nuestro sistema educativo tiene que formar ciudadanos capaces de participar activamente en una sociedad democrática. En su introducción, se indica expresamente la necesidad de formar ciudadanos capaces de integrarse en el espacio común europeo. El caso de la "Educación para la ciudadanía" forma parte de un objetivo de más amplio calado llamada "Dimensión Europea de la Educación". A través de ella se busca la compatibilidad en todas las áreas y niveles de los sistemas educativos. El "Tratado de la Unión", en su Preámbulo y el "Tratado de funcionamiento" de la UE en su artículo 165 recalcan esta perspectiva.

---

105. Comisión Europea: "Construir Europa a través de la Educación y la Formación", 1996, p. 61.
106. http://educac.tripod.com/legislac/logse.htm#Título preliminar. (Ver preámbulo y artículo 1º apartado b)

b) La Cumbre de Lisboa

Uno de los grandes objetivos de la cumbre de Lisboa del año 2000 fue el desa-rrollo del espacio europeo de educación: poner la educación al servicio de la producción y el mercado[107]. Es un discurso coherente, con vocación de pensamiento único y que impregna todos los sistemas de educación europea.

En 1995, el "Libro blanco" de la Comisión definía claramente los objetivos de la "sociedad del conocimiento" cuyo finalidad era conseguir "… una sociedad que sabrá invertir en la inteligencia, una sociedad donde lo que se enseña y donde lo que se aprende, donde cada individuo podrá construir su propia calificación, en otras palabras, una sociedad del conocimiento". Esta concepción será el sostén teórico de la estrategia de Lisboa que pretendía convertir a la UE en la: «...economía basada en el conocimiento más competitiva y dinámica del mundo, capaz de crecer económicamente de manera sostenible con más y mejores empleos y con mayor cohesión social». De nuevo la instrumentalización del saber como objetivo. La propuesta está cambiando los sistemas educativos porque, insistimos, el objetivo central es el desarrollo de habilidades orientadas a la competencia y al desarrollo empresarial.

Es en el ámbito universitario donde esto se ha manifestado de forma más brutal. El conocimiento global valdrá en la medida que sea capaz de competir económicamente. El modelo educativo se basará en la transmisión de ciertos valores como la competitividad o la adaptabilidad. La reducción de la calidad de los saberes a aquello que no sea meramente útil será una de sus consecuencias. La cumbre de Lisboa tuvo el mérito de definir con claridad sus ideas; desde ese momento formar a universitarios y gastar dinero en ellos no iba ser el objetivo, sino ser más competitivo que EEUU, Rusia o las potencias emergentes. Una de las consecuencias a corto plazo fue articular un sistema de titulaciones estandarizadas que indicaran las competencias adquiridas para la realización de distintas tareas. Estudios como la literatura, el latín o el pensamiento abstracto ya no eran necesarios.

---

107. http://www.europarl.europa.eu/summits/lis1_es.htm. Última visita 10.11.2012

Estas materias, para la comisión, son vestigios a extinguir del siglo XX.

A nivel educativo eso ha tenido diversas repercusiones: cambios curriculares en todas las áreas educativas para adecuarlas a la nueva realidad legal, búsqueda de la necesaria flexibilidad escolar, nuevas orientaciones organizativas, elección de un modelo educativo que pueda sustentar las nuevas propuestas económicas, homogeneización pedagógica a través de las recomendaciones de los organismos internacionales (el Banco Mundial, el Fondo Monetario Internacional o la OCDE fundamentalmente), desregularización de las condiciones de trabajo de los docentes, potenciación de la formación profesional por encima de los estudios universitarios, recorte temporal y de carga lectiva en los ciclos universitarios con afán de imponer la necesidad de los "máster" de pago que aseguren un mínimo de formación, fomento del aprendizaje permanente que facilite el cambio continuo de trabajo, responsabilizando y cobrando al trabajador por su formación. Y por encima de todo, dos conceptos: rentabilidad y evaluación.

La propuesta estrella es la introducción de las TIC que se configuran como la nueva "panacea" del conocimiento, el "bálsamo de Fierabrás" capaz de curar por sí solo los males de la educación y la empleabilidad europea. Las propuestas de la UE encierran un profundo desprecio por todo conocimiento que no sea aplicativo e inmediato. No se apuesta por una enseñanza sino por un sistema de instrucción ligado al mercado en el que todo se compra y se vende.

Capítulo 8

Los "lobbies" de presión. La ERT.

A medio camino entre un "lobby" y un "think thank", sin ser ninguno de los dos y reuniendo características de ambos, está la ERT (European Round Table),[108] un sindicato de empresarios que representa a las mayores industrias europeas. Aunque es un organismo privado y sin relación formal aparente con las estructuras políticas, ha alcanzado tal preeminencia que se ha convertido en un actor clave.

Este grupo de presión no está obligado a ser "políticamente correcto", así que puede hacer manifestaciones que otros organismos públicos no se atreven ni a mencionar en privado. Ha publicado numerosos e importantísimos documentos, por ejemplo "Educación y competencia en Europa" (1989). Este informe contempla la educación como una inversión estratégica para el éxito empresarial: "se considera a la educación y la formación como inversiones estratégicas vitales para el éxito futuro de la empresa", añade el texto…: "el desarrollo técnico e industrial de las empresas europeas exige claramente una renovación acelerada de los sistemas de enseñanza y de sus programas". Por último, lamenta que: "la industria sólo tenga una escasa influencia sobre los programas enseñados", que los enseñantes "tengan una comprensión insuficiente del entorno económico de los negocios y de la noción de beneficio" y que esos mismos enseñantes "no comprendan las necesidades de la industria".[109] Otro de los objetivos de la propuesta em-

---

108. http://www.ert.eu/. Última visita 08.10.2012
109. Parece que las autoridades políticas catalanas se han apresurado a adoptar los criterios

presarial es la privatización de la enseñanza pública, o mejor, la transferencia de recursos públicos a la enseñanza privada. Reconocen explícitamente que se debe "utilizar el montante muy limitado de dinero público como catalizador para sostener y estimular la actividad del sector privado"[110].

Seis años más tarde del informe de 1989, se publica un nuevo documento: "Hacia una sociedad que aprende" (1995). En él se plantea la necesidad de "un gran proceso de evolución social". Introduce conceptos que serán rápidamente popularizados y que tendrán una fuerte repercusión posterior, como la "formación desde la cuna hasta la tumba" y así conseguir "personas que tienen un conocimiento amplio, en lugar de profundo, y habilidades base, capacitado para aprender a aprender y estar motivados para aprender aún más".

Para este "lobby empresarial" la influencia sobre los profesores es fundamental, puesto que los maestros cuentan con "una mala comprensión del entorno económico y la naturaleza de los negocios y ganancias". Se evidencia que están imponiendo las bases de un discurso pseudo-pedagogista, recogido acríticamente por gran parte del "establishment" universitario y que influirá de forma determinante en numerosas resoluciones y normativas posteriores. Así en el 2001, el Tratado de Lisboa recoge una parte importante de estos objetivos estratégicos y habla de crear "un nuevo europeo en la nueva Europa": añadiendo "él o ella debe ser capaz de dar vida a un espíritu de empresa". Sobre estas bases, calco de las propuestas empresariales y del BM, la Comisión Europea diseñará un cuerpo teórico compuesto de numerosos documentos y recomendaciones que marcarán la senda a seguir.

El centro de todas las atenciones será la reducción de la inversión presupuestaria, la búsqueda de la competitividad económica y la adaptación al

---

patronales en este sentido al proponer en el mes de noviembre del 2011 el programa de "escuela de emprendedores". La comunidad autónoma de Madrid ya había hecho declaraciones en ese mismo sentido.

110. ERT. "Education et competence en Europe"1989, citado por **N. Hirtt** en "Los tres ejes…" Pág. 8.

entorno macroeconómico. Mientras se enuncia la importancia de la enseñanza en el contexto europeo, se recortan las inversiones (sobre todo a partir del 2006). Esta contradicción se resolverá, según la ERT, en un proceso acelerado de privatización educativa justificada por la "sana competencia" del propio sistema educativo, mientras que debe "flexibilizarse" la emisión de los títulos nacionales.[111] Los certificados por módulos de competencias con validez extraterritorial será la solución alternativa.

Los informes de la ERT tendrán una fuerte incidencia a través de los "Libros Blancos" no sólo en Europa, sino que marcarán las directrices de la OCDE. En el 2001, la Dirección General para la Educación y la Formación de la Comisión Europea dirigida por Viviane Reding[112] (ex-vicepresidenta de la Comisión Europea y excomisaria europea de Justicia), publicaba un documento en el que se sintetizaban las opiniones de los Estados miembros en cuanto a los "objetivos concretos futuros de los sistemas de educación".[113] Su propuesta era la de adecuar la escuela a las nuevas exigencias del mundo económico. El objetivo estratégico para la enseñanza será apoyar a la economía europea. Este texto, como ya hemos explicado, va a marcar las líneas maestras del Consejo europeo de Lisboa en marzo de 2000: "La Unión Europea se halla frente a un cambio radical inducido por la mundialización y por los desafíos inherentes a una nueva economía basada en el conocimiento".

La Comisión europea, a instancias del "lobby empresarial" definió tres características centrales para la educación en el Viejo Continente:

1. **La descentralización.** La descentralización potencia la autonomía de centros, la elaboración de currículos diferenciados y permite la necesaria partenarización escuela-empresa, abriendo un abanico de posi-

---

111. De hecho estas propuestas no son ni siquiera novedosas, están recogidas de los documentos desarrollados por el BM.
112. http://ec.europa.eu/commission_2010-2014/reding/index_en.htm
113. Commission Européenne «Les objectifs concrets des systèmes d'éducation. Informe de la Commission», París, 2009.

bilidades de lucro para la empresa privada que anteriormente tenían cerradas. Los datos obtenidos en los EEUU y otros países donde se han aplicado, no han demostrado que la descentralización o la autonomía escolar hayan producido mejoras significativas en el rendimiento académico[114].

2. **Adaptabilidad.** Es imposible prever, ni a corto ni medio plazo, cuáles serán las necesidades de mano de obra y las cualificaciones profesionales solicitadas; ignoramos qué ramas de la producción crecerán y cuáles desaparecerán. La imprevisibilidad marca la orientación del mercado del trabajo. Desde esta perspectiva, la adecuación mecánica escuela-mundo laboral dificulta enormemente la planificación. La consecuencia es la enorme cantidad de cambios parciales o estructurales que han tenido los distintos sistemas educativos europeos. En nuestro país, sin ir más lejos, hemos sufrido una gran reforma educativa cada 30 meses aproximadamente[115].

3. **Flexibilidad.** Partiendo de una premisa más que discutible se plantea que

---

114. Citado por Carnoy. "Globalización y restructuración de la enseñanza" Malen et al., 1989; (Hannaway y Carnoy, 1993). En el documento del BM "Prioridades y Estrategias para la educación. Examen del Banco Mundial", Washington, D.C., Banco Mundial, 1996, se hace mención expresa a la inexistencia de datos que demuestren que una mayor descentralización redunde en una mejora del nivel educativo, lo cual no es óbice para, en un ejercicio de malabarismo intelectual, recomendar el desarrollo de la descentralización educativa.

115. **Solà, P.** "Educació i societat a Catalunya", Eumo, Lleida, 2010. Pág. 315-332. El autor facilita la siguiente relación de las principales normas proclamadas desde la década de los 80:

El 25 de agosto de 1983 la Ley de Reforma Universitaria (LRU); el 3 de julio de 1985 la Ley Orgánica Reguladora del Derecho a la Educación (LODE); el 3 de octubre de 1990 la Ley de Ordenación General del Sistema Educativo (LOGSE); el 20 de noviembre 1995 la Ley Orgánica de la Participación, Evaluación y Gobierno de los Centros Escolares (LOPEG); 24 de diciembre 2001 Ley Orgánica de Universidades (LOU); 24 de diciembre de 2002, la Ley Orgánica de Calidad de la Enseñanza (LOCE); el 3 de mayo 2006, la Ley Orgánica de Educación (LOE). En Cataluña además se introdujo el 10 de julio de 2009 la Llei d'educació de Catalunya (LEC); en otras comunidades se han realizado igualmente numerosos cambios de normativa en todo este proceso.

el "conocimiento escolar" debe ser más flexible; proporcionar saberes y conocimientos no directamente aplicados es algo "anticuado". Debe reducirse el nivel de conocimientos generales y aumentar las competencias aplicadas puesto que estas se pueden flexibilizar. El objetivo será una nueva escuela que prepare para la "formación permanente a lo largo de toda la vida".

BLOQUE 3

EL NUEVO ORDEN EDUCATIVO

Capítulo 1

Las claves teóricas del nuevo orden educativo

Como venimos demostrando, el modelo educativo neoliberal se caracteriza por su adaptación a un sistema socioeconómico en mutación constante más que por una teoría psicopedagógica fundamentada en el ser humano. En pocas palabras, primero la economía, después la escuela, que picoteará aquí y allá hasta conformar un conjunto de teorías adecuadas al sistema económico vigente en un momento determinado. Un ejemplo es el mal uso que se ha hecho de la teoría de Vigotsky o de la inteligencia emocional, como detallaremos más adelante.

La adaptación de la escuela a un sistema económico que sirve a los poderosos sin ninguna cortapisa, también explica la dificultad para distinguir entre los aspectos teóricos y las consecuencias prácticas. Por ejemplo: la educación basada en competencias, ¿pertenece solamente a la pedagogía o es una consecuencia impuesta por un sistema económico donde predominan los malos empleos?

Capítulo 2

El concepto de capital humano y la economía cognitiva

El capital humano pertenece al rango de lo inmaterial. En su dimensión práctica se ancla a tres nociones: "aprendizaje a lo largo de la vida", "flexibilidad" y "empleabilidad".

La génesis del concepto se construye a mediados de la década de los 40, definido como un factor clave para el incremento de la productividad, al hacer depender la calidad del producto del grado de formación de los individuos. Posteriormente esa visión se amplía abarcando el conjunto de recursos humanos que atesora cualquier institución económica. En las últimas décadas, se ha adoptado en general ese discurso de forma acrítica. Así, hablar de "mejora en el capital humano" es referirse al aumento de la destreza, la experiencia y la formación de las personas.

En términos educativos, "capital humano" hace referencia al "conjunto de conocimientos, habilidades, destrezas y talentos que posee una persona". La productividad estará determinada por la educación, la mayor especialización y la experiencia obtenida en el proceso productivo. Se establece una ecuación que se ha demostrado falsa: a mayor capital humano, mayor "asignación económica"; a mayor capital cognitivo acumulado, mayores ganancias individuales. Por tanto el capital humano se definirá por la manera como el mercado valora ciertas capacidades o desechará otras.

La teoría del capital humano fue desarrollada por dos premios Nobel estadounidenses, Thedore Schultz y, especialmente, Gary Becker; los dos relevantes defensores del liberalismo económico. El primero popularizó el concepto en una serie de conferencias dictadas en 1959; el segundo lo convirtió en una de las tesis fundamentales que le permitieron ganar el Premio Nobel en 1992. También consiguió hacer descender el concepto teórico desde las cumbres de la literatura económica hasta los niveles administrativos y políticos.

Para ambos economistas, el "capital humano" es un bien privado que es necesario vender. Por lo tanto, el estado no debe limitar la posibilidad de que los individuos inviertan en su propio capital cognitivo, costeándose su propia educación en el mercado de bienes y servicios privados. Los autores reservaban al estado la financiación de las "externalidades positivas", es decir, la base del aprendizaje.

Otras personalidades como Delors (1996), Castel (1997) o Rifkin (1997), cuyas teorías sobre la nueva era del trabajo flexible tuvieron tanta repercusión mediática como el vacío intelectual que las sustentaba, sostuvieron que el crecimiento económico de las sociedades industriales tiene mucho que ver con la variable "capital humano".

Como hemos mencionado con anterioridad, en la década de los 70 se produce un cambio histórico en las relaciones de producción. Para Samir Amin se inicia la segunda fase de la crisis sistémica del capitalismo[116]. La crisis económica de esa década choca con especial virulencia contra el modelo de producción anteriormente vigente (fordismo) y el sistema económico se modifica. En estas circunstancias, un nuevo concepto, destinado a marcar el rumbo, se abre paso: el capital humano.

Sus defensores anteponen la hegemonía del trabajo inmaterial a la del trabajo real. Supuestamente esto conllevará una incorporación cada vez mayor de una tecnología que requiere unas destrezas cognitivo–emocionales no utilizadas hasta ese momento. Frente a una mayor deslocalización industrial y un aumento significativo de las tasas de paro, se precisa que los futuros trabajadores desarrollen nuevas capacidades y destrezas. Organismos internacionales como CEPAL/ UNESCO (2004) insistieron mucho en la

---

116. **Amin, S.** "¿Debacle financiera, crisis sistémica? Respuestas ilusorias y respuestas necesarias". Global Research. 27.11.2008.

relación entre escolarización y oportunidad, entre grado de escolarización y superación de la pobreza. Sin embargo, hoy sabemos que la escolarización es la condición "sine qua non" para salir de la pobreza, pero no la única[117].

De esta teoría, se ha derivado una nueva: la llamada "inversión en capital humano", como fórmula para conseguir que las sociedades sean más competitivas. La popularización de esta concepción ha tenido consecuencias inmediatas. Según los datos de la propia OCDE se ha reducido la aportación de la financiación pública en 6 puntos entre 1995 y el 2006, cifras que se han visto incrementadas notablemente en la medida que la crisis económica se profundiza.

El concepto de capital humano, a pesar de la aparente unanimidad que concita, no deja de ser un concepto pobre, utilizado con escaso rigor científico y extraordinariamente banalizado y que oculta en realidad dos conceptos dispares: El primero es el de la "sociedad del conocimiento". Como la sociedad europea/occidental no puede digerir una propuesta dura y descarnada de una educación puesta al servicio de la empresa a todos los niveles, se elabora un discurso "naif" que induce a pensar que se trata de "inversiones en el saber". La Comisión europea y la OCDE suscriben este neo-concepto, lo impulsan a través de diversos Libros Blancos e Informes, utilizando el libro de Delors "La educación encierra un tesoro" como cortina de humo. De cara a la opinión pública, quedó tan edulcorado que los sindicatos europeos o formaciones políticas críticas con el modelo neoliberal pudieron apoyar la" sociedad del conocimiento", que, por cierto, inspira otro: "la educación a lo largo de toda la vida".

El segundo concepto, supuestamente novedoso, es el de "economía cognitiva", entendida como el desarrollo económico basado en el conocimiento. Este principio es tan engañoso como el anterior.

Históricamente, todas las economías han puesto el conocimiento al servicio de los objetivos productivos y de la apropiación simbólica que les permitiera mantener el control social. El "nuevo concepto", la "economía cognitiva", aparece al sustituir en el análisis macroeconómico la variable

---

117. **Bonal**, X. "Ser pobre en la escuela". Pág. 21-22.

"trabajo social", entendido como "factor esencial de producción", por la de "multiplicidad de factores del sistema productivo". Ya no será el trabajo asalariado la base de la producción, sino un conjunto de variables como: capital invertido, materias primas, capacidad tecnológica… Desde el momento en que la industria comenzó a utilizar las máquinas, la ecuación ciencia + tecnología aplicada o la organización científica del trabajo se hace indisoluble. La utilización del cálculo, la previsión y el control del comportamiento de las variables económicas y sociales se vuelve consustancial con el alma misma del capitalismo. Trasladado al modelo escolar conduce a la fragmentación y la individualización del conocimiento.

Fue el positivismo científico el que puso en marcha el proceso de acumulación de capital basado precisamente en la aplicación sistemática de la ciencia a la producción industrial. La ciencia se plegó a las exigencias de la producción. La nueva teoría no viene sino a remarcar precisamente esta variable. El nuevo capitalismo necesita de la apropiación del conocimiento social para que éste a su vez se convierta en un factor de producción. El trabajo genera conocimiento y este a su vez generará valor. Por ello, el capital, para revalorizarse, no debe únicamente "apropiarse" (utilizando los términos marxistas) del trabajo real sino también del conocimiento que genera. La historia de la producción científica, entendida ésta como aplicación teórica y práctica, es la lucha por el control del conocimiento. La teoría no aporta nada nuevo puesto que ha formado siempre parte de la propia lucha de clases y de la lucha de las naciones para obtener hegemonía política industrial.

En el contexto actual, la unión de estos dos conceptos, "sociedad del conocimiento" y "economía cognitiva", propone a medio plazo la apropiación individual del conocimiento y su privatización. El paso lógico e inmediato sería la "patentabilidad" no únicamente de las aplicaciones, sino de las ideas. Una de las consecuencias más evidentes de este proceso es el intento de hacer perder el sentido de la solidaridad necesaria entre sujetos o grupos sociales. No es por tanto una argumentación "nueva"; es la de siempre, vestida con nuevos ropajes aunque se presenten como deducciones científicas relacionadas con la necesaria "revolución científica y tecnológica".

Capítulo 3

La evaluación del capital humano

Una de las mayores dificultades de la teoría es cómo cuantificar el valor añadido del conocimiento. Es una propuesta extensa y compleja puesto que es un ítem muy poco dócil. Su cálculo responde a leyes muy específicas; la transformación del conocimiento en valor real cuantificable no es un proceso ni lineal ni estable. Implica fases de inestabilidad, discontinuidad o multiplicidad de caminos. La "economía cognitiva" es la economía de la velocidad, del cambio continuo. El conocimiento adquirido no es un stock reservable en el tiempo, decrece al aumentar la velocidad de los procesos y por ello es necesario difundirlo a la mayor brevedad.

El método de medición planteado será su contribución monetaria, lo que niega el carácter colectivo del proceso de acumulación del conocimiento porque la mayoría de los autores antes mencionados obvian en su análisis la cuestión de las relaciones desiguales de poder; parten desde una visión positiva de la globalización neoliberal poniendo el énfasis en la interdependencia y en la horizontalidad.

La literatura sobre el tema permite visualizar tres tipos de enfoque para medir el valor del "capital humano"[118].

a) Primero:
El nivel de estudios de la población adulta entendido como el promedio

---

118. **Salas Velasco, M.** "Economía de la educación" Pearson Educación, Madrid, 2008. Págs. 160-183.

de años de educación formal completada. En España es de 10,6 años, ocupando el sexto lugar por la cola en cuanto a la cualificación de los países miembros de la OCDE, cuya media es de 12. Teniendo en cuenta esta variable nuestro país arrastra una deficiencia importante. Es necesario señalar que, en conjunto, la población española tiene aproximadamente cuatro años más de educación formal que hace una década. Con los datos actuales calculando el incremento anual de España respecto a la OCDE alcanzaríamos el nivel medio en torno al primer cuarto del presente siglo. Existe una correlación positiva entre el mayor número de años de permanencia en el sistema escolar y la situación socio-económica de las Comunidades Autónomas. Por ejemplo: Andalucía, Extremadura y Castilla-La Mancha son las comunidades más atrasadas y presentan a su vez el menor número de años de estudio; Madrid y el País Vasco son las comunidades más ricas y ostentan los mayores niveles de capital humano en España. Cataluña está justamente en la media nacional.

b) Segundo:

Evaluar las habilidades de la población adulta. Se utilizan los resultados del IALS (International Adult Literacy Survey), proyecto de la OCDE y el Instituto de Estadística Canadiense para evaluar los conocimientos y capacidades de los adultos en 20 países (España no está incluida). Las encuestas se iniciaron en otoño de 1994 y repetidas en 1996 y 1998. Cada país fue evaluado con muestras representativas a nivel nacional de adultos de entre 16 y 65 años. Se examinó a los adultos en casa, usando la misma prueba para evaluar las competencias lectora y matemática. Sobre un índice máximo de 500 se observa que la mayoría de los países están bajo el lindar 300. Es especialmente significativo el bajísimo nivel de competencia lectora: las puntuaciones dan a muchos países unos resultados tan bajos que implican dificultades importantes en la comprensión lectora básica. Una nueva encuesta, el "Informe PISA[119] para adultos" del 2013, (Programa Internacional para la Evaluación de la Competencia en Adultos, PIAAC)[120]

---

119. http://skills.oecd.org/OECD_Skills_Outlook_2013.pdf
120. http://www.mecd.gob.es/inee/PIAAC_ONLINE.html

no ha aportado información especialmente significativa sobre esta cuestión. Se ha limitado en la práctica a establecer clasificaciones de países en función del resultado.

c) Tercero:

Medir el capital humano y su relación con los salarios. Esta metodología, también propuesta por otros organismos (como la OCDE en 1998), consiste en observar las diferencias entre los salarios de los adultos. De esta forma se pretende determinar el valor agregado consecuencia de una mayor educabilidad. Presupone que el capital humano debería verse reflejado en los salarios: a mayor capital humano, mayor salario y viceversa. Los individuos que estudiaran materias "económicamente no productivas" deberían tener ingresos inferiores, así como los trabajadores sin ningún tipo de cualificación. Se establece por tanto una relación causa–efecto entre capital humano y productividad. Las personas más productivas, las más formadas, justifican de esta forma la mayor retribución a su favor. La práctica nos muestra en cambio que el mayor valor educativo no se correlaciona necesariamente con el incremento salarial sino que otros factores intervienen en la fijación de la remuneración. Como es fácilmente comprensible, este tipo de análisis presenta grandes dificultades de generalización, puesto que los beneficios no monetarios de la educación son también importantes y no son tenidos en cuenta.

Esta teoría dio lugar a diferentes visiones del proceso. Muy sintéticamente las mencionamos a continuación:

a) Credencialismo

Algunos autores como Stigliz (1975) sostienen que los empleadores recurren a determinadas señales para indicar los individuos más capaces y por tanto más productivos. El nivel educativo alcanzado es uno de estos indicadores. A mayor nivel educativo mayor productividad, y, a mayor productividad, mayor salario. A diferencia de la anterior teoría del capital humano esta concepción señala que mayor número de años en el sistema educativo no aumenta la productividad del mismo, sino que produce una acumulación de títulos y credenciales que es una señal de productividad más alta, aunque la educación en sí misma no tenga nada que ver en el aumento de la productividad.

b) Institucionalismo:

Es una teoría ligada a la demanda del trabajo. La relación causal, educación-productividad-salarios, se debe buscar en la empresa y no los individuos. Los individuos "más educados" obtienen salarios más altos porque son asignados a puestos mejores bien a corto plazo o bien a largo plazo.

c) Modelo de competencia por los puestos de trabajo:

Desarrollado por Lester Thurow.[121] Los empleadores diseñan puestos de trabajo asignándoles niveles de responsabilidad, posibilidades de promoción, cantidad de entrenamiento, información, salarios etc. Estos puestos forman una cola ("cola de los puestos") estando en la cabeza los mejor formados; estos obtendrían mejores salarios, mayores posibilidades de promoción y grados más altos de responsabilidad. En este tipo de mercado los trabajadores no compiten por el salario sino por el puesto de trabajo.

d) Dualización del mercado de trabajo:

Esta corriente teoriza la existencia de un mercado de trabajo dividido en dos segmentos: primario y secundario. En el "mercado primario" están los "buenos trabajos". Se caracteriza por la estabilidad y seguridad en el empleo (suele haber sindicatos), los salarios altos y uso de tecnologías relativamente avanzadas, intensas en capital. Estarán aquí los trabajadores mejor formados y cualificados. En el "mercado secundario" existen condiciones de trabajo con bajos salarios, escasa formación, alta inestabilidad en el empleo y elevada rotación. La adscripción de los trabajadores a cada segmento estará determinada por la oportunidad educativa de la persona.

---

121. Ver por ejemplo: *Una guerra al empleo*. El País 23 de mayo 1996.

e) Teoría de los mercados internos de trabajo:

El mercado interno de trabajo (MIT) se contempla como una especie de escalera laboral muy ligada al tema de la antigüedad.

f) El enfoque radical:

Los autores del "enfoque radical" proponen que en los ingresos percibidos por los individuos influyen la inteligencia y el origen socioeconómico (por ejemplo: el nivel educativo de los padres).

El problema que se plantea en realidad es cómo aprovechar las oportunidades educativas. Estudios muy sólidos como el de Raymond Boudon (1983)[122] señalan una tendencia que se viene repitiendo en muchos países y en especial en el nuestro: el aprovechamiento del incremento de la inversión educativa depende del crecimiento de los niveles educativos más altos. Así, la expansión educativa no reducirá la desigualdad social, bien al contrario preservará e incluso ampliará la brecha social. La expansión educativa sólo tiene efectos en la reducción de la desigualdad salarial, cuando el acceso de la población a niveles superiores se ve acompañado de la reducción de las diferencias de ingresos entre grupos sociales.

Como venimos repitiendo, "La educación encierra un tesoro" (1996)[123] es uno de los libros clave para fijar la relación entre el incremento del capital humano/educación y crecimiento económico. En síntesis, Delors antepone un supuesto "capitalismo cognitivo" al "capitalismo industrial", al que tilda de cosa del ayer; obviando, de entrada, que las potencias emergentes lo son principalmente porque han desarrollado un capitalismo de base industrial, enormemente poderoso, sin el cual serían aún estados dependientes. Se usa y se abusa de ese discurso que acaba produciendo generalizaciones confusas y parciales.[124]

No hay ninguna sociedad antigua o moderna cuyas clases sociales no

---

122. **Boudon, R.** "La desigualdad de oportunidades", Laia, Barcelona, 1983.
123. **Delors, J.** "La educación…" Ob. Cit.
124. **Amin, S.** "El socialismo en el siglo XXI Reconstruir la perspectiva socialista" Iepala. Madrid, 2009. Pág. 89-98.

hayan podido ser dominantes sin controlar previamente el trabajo social. En las sociedades antiguas el control se hace a través del sistema tributario acompañado de un aparato religioso importante. A partir de un determinado momento, el saber se convierte en "laico "y la nueva clase dirigente, la burguesía tal y como la definiría Karl Marx, se ve obligada a utilizar otros métodos de control más indirectos aunque no menos eficaces. El objetivo es el mismo: asegurar el control de los centros de investigación.

Desde los albores del capitalismo, "inversión" y "saber" siempre han ido de la mano. La resultante, el conocimiento, se ha pretendido poner bajo la tutela de los grupos detentadores del poder, limitando el acceso a los demás grupos sociales. Básicamente se han utilizado dos métodos. El primero, la privatización de la investigación. El segundo, la reducción de los saberes a su aplicación práctica; lo que presupone su utilización en aquellos momentos en que se pueda maximizar el beneficio a través del control de las patentes.

Como ya hemos indicado, el concepto de "economía cognitiva" es un concepto confuso que pretende sustituir el concepto de "trabajo social" como resultante de la acción productiva. Dicho lo cual, también hemos de reconocer que estamos en medio de una revolución tecnológica y por tanto las inversiones que se realizan en investigación cobran una dimensión específica. La generalización de la investigación teórica y aplicada no supone que la producción se haya convertido en inmaterial como pretenden algunos autores, como Negri y Hardt.[125] El control sobre la investigación siempre ha consistido para el capital uno de sus mayores objetivos. De alguna forma, este concepto se utiliza para justificar la fragmentación de la forma de trabajo, la precarización y de la deslocalización.

La escuela se ha hecho eco de esta premisa y, utilizando las reformas curriculares, se ha conseguido que los currículos se vean impregnados por la nueva filosofía. La aparición del concepto del "emprendedor" (nuevo ob-

---

125. **Negri, A** y **Hardt, N**. "Imperio" Paidos, Barcelona, 2002. La crítica más certera la realiza Atilio A. Borón en "Imperio & Imperialismo", El Viejo Topo, Barcelona, 2003.

jetivo a conseguir tras el paso por la educación obligatoria), el autoaprendizaje, la reducción de los contenidos conceptuales… son algunas de las consecuencias pedagógicas.

BLOQUE 4

LOS NUEVOS HITOS EDUCATIVOS

Capítulo 1

El aprendizaje a lo largo de la vida (*Life long learning*)

Las tendencias que hemos enunciado definen nuevas implicaciones pedagógicas. Precisan de herramientas que permitan desarrollar los proyectos, así como figuras políticas que guíen y acompañen. El aprendizaje a lo largo de la vida, la fiebre evaluadora, el desarrollo de las TIC, la innovación, la educación emocional… serán los nuevos hitos esenciales del proceso.

Según Jacques Delors, su formulador, este concepto, el del "aprendizaje a lo largo de toda la vida" es la llave del camino que nos conducirá al Parnaso del crecimiento continuado. La idea fue rápidamente recogida y difundida por diversas organizaciones económicas, como la OCDE que afirmó : "…la preparación para la vida activa ya no puede ser considerada como definitiva, ya que los trabajadores deben recibir una formación continua durante su vida profesional para poder seguir siendo productivos y empleables…"

El nuevo trabajador de base cognitiva ha de estar preparado para un aprendizaje continuado. Ha de ser capaz de adaptarse a los cambios tecnológicos y mantener su propio capital cognitivo dispuesto para la empleabilidad. El reciclaje permanente del conocimiento, la formación flexible e individualizada es el objetivo último. Dentro de ese contexto la evaluación adquirirá un valor por sí misma.

Se hace necesaria la apertura de las escuelas a las empresas tal y como proponía el primer informe de la ERT del año 1998. Para el sector formal de la enseñanza se reservan unas competencias clave que, tal y como lo define la Comunidad Europea, no tendrían sentido más que dentro de un proceso de aprendizaje a lo largo de la vida. Las instituciones formales sólo serán algunos de los medios de aprendizaje. Se ha de dejar paso a la iniciativa privada y se invita a las empresas a dirigir los procesos de formación, ya que son instituciones especialmente interesadas en administrar este "capital humano".

Nuestros jóvenes deben "aprender a aprender" en contextos productivos cada vez más precarios e inestables. Por ello el antiguo sistema de certificaciones académicas ya no sirve y está en proceso de cambio. El nuevo documento registrará y certificará de cara al empleador el valor productivo del individuo medido en el dominio de una serie de competencias básicas. En Francia y Bélgica ya es una realidad la "cartilla individual de competencias" que sustituye a los títulos de bachillerato antiguo; en otros países está en estudio un documento similar. En la Universidad española ya es un hecho: las nuevas titulaciones vienen certificadas por un nuevo diploma europeo donde figuran las competencias básicas que el alumno supuestamente posee.

El uso de las tecnologías de la información proporciona la capacidad de seguimiento individualizado de la persona. La informatización de los sistemas escolares en Inglaterra y Francia e incluso España apunta en esta dirección.

El nuevo modelo educativo se inspira en la estrategia europea para el empleo (SEE 1997) que proponía entre otras cosas una tasa de crecimiento del 3% para el conjunto de la UE. En la actualidad ese objetivo es irrealizable debido a la presión de la crisis económica mundial. La flexibilidad es el nuevo axioma que se convierte en la capacidad para que el trabajador venda su fuerza de trabajo. Cada uno debe asumir individualmente el precio de esta capacidad, lo que es inseparable de la noción de mercado. Esta idea la define muy bien la propia comisión cuando afirma: "una persona está empleada cuando ella posee las características, cualificaciones, o competencias negociables (entendidas como útiles) en el mercado que son consideradas por el mercado como las condiciones necesarias a poseer".

El empleo flexible y aprendizaje permanente son dos nociones complementarias e imprescindibles para el capitalismo de nuevo cuño. Este nuevo modelo presupone que los individuos se toman su formación en serio bajo la amenaza del mercado. Se cree en la existencia de una "mano invisible" que armoniza el interés privado y el interés general: "para el individuo aprender a lo largo de su vida es desarrollar su creatividad, su espíritu de iniciativa, y su capacidad de adaptación, cualidades que contribuyen a su desarrollo personal, al aumento de las ganancias y al empleo lo mismo que a la innovación y a la productividad. Las cualificaciones y las competencias de la mano de obra son un factor decisivo para todos los resultados económicos"[126]. La protección individual contra la amenaza del paro y la capacidad de innovación de las empresas convergen naturalmente. Así pues el nuevo modelo está fundamentado en la autorresponsabilidad del sujeto productivo. Su base teórica se articula en las concepciones neoliberales del "Workfare", que desea transformar en "activo" al asalariado o al parado, continuamente amenazado por el riesgo del paro por inadaptación de sus competencias. El aprendizaje a lo largo de toda la vida aparece bajo este prisma como una obligación para la supervivencia en un mercado de trabajo flexibilizado.

La penetración acrítica de esta idea permitió su aprobación por la Confederación Europea de Sindicatos (CES). En la declaración del 19 de mayo 2006, esta confederación aceptaba el conjunto de los presupuestos del análisis de la política europea en materia de lucha contra el paro: "con el fin de contestar a estos desafíos, de quitar los obstáculos a la competitividad de las empresas y aumentar la empleabilidad de los trabajadores, los 'partenaires' sociales europeos han decidido en 2002 coordinar su acción en el terreno del aprendizaje a lo largo de toda la vida. ¿Qué es lo que está en juego? Si Europa quiere tener la economía y la sociedad basadas en el conocimiento más competitivas del mundo, el desarrollo de las competencias es esencial." John Monks, a la sazón Secretario General del CES, señalaba: "el objetivo de Lisboa es muy ambicioso, pretende hacer de la economía europea la economía más competitiva del mundo de aquí al 2010. Es un

---

126. http://unesdoc.unesco.org/images/0015/001591/159155s.pdf

eslogan. Pero la estrategia es buena: se trata de llevar a los europeos, patronos y trabajadores, a adaptarse a los cambios del mundo económico, a invertir en la investigación y la innovación y a habituarse a la formación permanente".

El informe de evaluación redactado conjuntamente por las organizaciones patronales y sindicales europeas expresa el nivel de consenso que reina entre los "agentes" sociales para adaptar los sistemas de formación a las necesidades de las empresas para "supuestamente"reducir el paro. La realidad de la crisis de empleo que vive Europa, y nuestro país en concreto, tira por tierra esta visión casi beatífica de la educabilidad como antídoto del desempleo. La formación no es sino una variable más y no la determinante. Otros factores son también fundamentales: la deslocalización industrial, la competitividad de la mano de obra extranjera, la competencia a nivel salarial, el atraso en las infraestructuras etc… El actual ciclo recesivo de la economía mundial, que se extenderá durante muchos años, está cuestionando toda la parafernalia ideológica que sustentaba el concepto de capital cognitivo.

En esta medida el fracaso de la estrategia de Lisboa es ya una evidencia. En su momento el tratado basculó sobre dos objetivos. El primero era el incremento de la I+D hasta alcanzar el 3% del PIB europeo. Un esfuerzo considerable, puesto que la inversión real, prácticamente invariable desde 2001, era del 1,83% de media con grandes diferencias entre países, desde el 3,60% de Suecia o el 3,47% de Finlandia hasta el 1,27% de España en el 2007. El segundo, el pleno empleo, también se ha demostrado inalcanzable. Antes del inicio de la crisis, se planificaba un empleo del 70% (prácticamente pleno empleo) sobre el total de la población en el horizonte del 2010; pero, en el 2008, la tasa de empleo era del 64,9% casi un 5% menos de lo previsto.

Como bien se jacta la mayoría de los políticos europeos nos encontramos ante la paradoja de que la generación mejor preparada de la historia de Europa es la que soporta los índices de paro y exclusión social más altos. En países como España, el índice de paro juvenil alcanza cifras insostenibles, superiores al 50%. La realidad está cuestionando los principios defendidos por la Unión Europea en el último decenio.

Los estudios presentados por algunas centrales sindicales insisten sobre varios elementos característicos de la actual situación. La elevada tasa de paro registrada no es por falta de preparación o que esta sea inadecuada, sino por su calidad y su idoneidad. La formación se ha transformado en un negocio suculento que tiene mucho que ver con el número de cursos que se hagan. La obsesiva insistencia sobre la formación adquiere de pronto todo su sentido.

Tampoco la creación de empleo es fruto de un hecho puntual sino de estrategias múltiples que definan bien los objetivos y planifiquen los recursos necesarios. Se ha de ir más allá de lo económico y se inserta en procesos mucho más amplios a nivel social. El conocimiento no sólo es una teoría académica, sino la práctica diaria que hace que los trabajadores aprendan. Es por tanto una "construcción social" que tiene que ver con visiones del mundo y con el papel que atribuimos a la producción, al trabajo, al asueto y a la vida misma. De hecho las desigualdades en la política de formación no están al margen de la propia desi-gualdad en el sistema productivo. Las diferencias en el acceso al trabajo y la cultura revelan las desigualdades en cuanto al acceso a la capacidad productiva.

Capítulo 2

La evaluación

Los conceptos de calidad y evaluación se han instalado en el centro del modelo teórico, generando un auténtico "pensamiento único educativo" al ser asimilados por el sistema sin ser cuestionados. Un instrumento, la evaluación, va camino de convertirse en finalidad.

El peso de esta nueva fiebre por el control de las variables educativas la convierte, en la práctica, en un nuevo método pedagógico. Los responsables educativos definen objetivos y sistemas con un único horizonte: obtener los mejores resultados posibles en las diferentes pruebas evaluadoras. La pregunta que se le atribuía a la metodología educativa "¿Cómo hacer…?" se responde y simplifica en la actualidad en la expresión "¿Cómo mejorar los ratios en las evaluaciones?"

La elaboración de listas de resultados escolares, sin tener en cuenta las condiciones socio-económicas de los centros, está generando una adecuación curricular bajo la presión de mejorar resultados. El valor del aprendizaje queda relegado a un segundo plano porque lo que interesa a muchas direcciones escolares es que "su" escuela/instituto no quede rezagada en el cómputo global. Las consecuencias indeseables son evidentes: presión sobre el alumno para que aprenda a superar exámenes, clasificación escolar de los alumnos, reducción de aquellos contenidos no aplicativos, eliminación de los niños conflictivos (educación especial, problemas de conducta…) utilización cada vez más arbitraria de la segregación escolar para resolver los problemas de la diversidad. También el profesorado en general se ve afectado en la medida que se le responsabiliza de los malos resultados del centro.

En realidad, en los medios científicos hay profundas divergencias sobre la validez de la evaluación en general y de los Informes PISA en particular, a pesar de que han sido tomados como prototipo de evaluación de la calidad de los sistemas. En unos casos, porque se modifican las muestras (se separan los alumnos con peores resultados probables), en otras ocasiones porque las respuestas a los "ítems" son deducibles del propio contexto de la pregunta (hace innecesaria la escolarización) y, por último, porque miden esencialmente niveles de resultados cuantitativos.

Otras visiones hacen hincapié en variables que los informes estandarizados no tienen en cuenta. Por ejemplo, está demostrado que la madre que ha carecido de estudios de Grado Medio influye en sus hijos: el alumno puede llegar a obtener hasta 44 puntos de media inferiores en comprensión lectora. Los datos demuestran también que la inversión educativa repercute en un 17% en la variación de las puntuaciones o que el mayor número de horas que dedican nuestros alumnos a la escuela (5,4 horas frente al 4,7 de la media de la OCDE) no influye positivamente en los resultados escolares.

Hay tres grandes incógnitas no resueltas en el proceso de evaluación. La primera es que el objetivo enunciado, "mejorar la calidad educativa", es una variable muy poco objetiva. Se hace imprescindible como precondición definir, con precisión, los objetivos finales del proceso para posteriormente establecer los protocolos de medición. La segunda, la inexistencia de una única concepción teórica sobre qué es educación imposibilita a su vez definir qué es calidad educativa. La tercera, la imposibilidad de medir la actividad intelectual de los sujetos educados basándonos únicamente en sus manifestaciones externas.

La evaluación en definitiva depende del tipo de modelo educativo escogido y las influencias exteriores. La eficacia o no de cambiar un sistema educativo sólo se manifiesta en el medio-largo plazo. El desarrollo de sus potencialidades o sus flaquezas se determina en términos de generaciones, no décadas. ¿Cómo es posible definir así la mayor o menor calidad de un proceso educativo? Todo esto no importa mucho cuando lo que se persigue es clasificar y medir como calidad lo que es éxito académico.

La OCDE evalúa desde una perspectiva instrumental, cuya premisa es la restructuración económica y el ajuste financiero. La consecuencia lógica es un sistema educativo capaz de rendir comercialmente y dirigido a las necesidades del mercado. En la primera página del informe de 1998 sobre indicadores educativos, la OCDE señala como objetivo "la contribución a la búsqueda de políticas educativas efectivas que mejoren las perspectivas económicas y sociales de los individuos, que contribuyan a la productividad económica, que aporten incentivos para promover la eficiencia de la prestación educativa y que ayuden a movilizar recursos adicionales que cubran la creciente demanda de educación y formación". De igual forma, en la edición del 2001 incide nuevamente sobre la educación al servicio del crecimiento económico y el incremento del capital humano; "la educación y la capacitación juegan un papel crucial en la adaptación de individuos y sociedades a cambios sociales, económicos y culturales profundos y ayudan al desarrollo del capital humano que se requiere para un crecimiento económico..." Se piensa en estrategias de mercado y estas definen los planteamientos curriculares. Los indicadores educativos tendrán como objetivo responder a las nuevas demandas de las políticas neoliberales. Su objetivo se centrará en los recursos humanos y económicos (costes) invertidos en educación y en sus retornos. Caracterizar los sistemas educativos como sistemas de producción susceptibles de ser evaluados en función del rendimiento y eficiencia es liquidar el modelo escolar como un elemento de liberación y de formación personal.

Las evaluaciones, en general, solo ponen énfasis en aquello que es observable, olvidando los procesos subjetivos del conocimiento. Se persigue cuantificar la competencia conseguida pero no el proceso por el cual se adquiere. La función de los técnicos (incluido el profesorado) será la de "hacer", no teorizar ni decidir. De esta forma la enseñanza se estructura en marcos de elaboración separados: un bloque define su contenido (presión política), otros piensan los mecanismos de implementación (expertos pedagogos, psicólogos, etc.,), finalmente otros la ejecutan (profesorado).

Capítulo 3

Las TIC

Nadie a estas alturas puede negar la utilidad potencial que tienen las nuevas tecnologías y en especial Internet. Nuestra reflexión no pretende construir un posicionamiento frente las nuevas tecnologías, sino analizar someramente los valores y las funciones que se le suponen.

Como hemos señalado, son diversos los instrumentos políticos, las personalidades y las medidas utilizadas para diseñar el nuevo modelo escolar. En 1993, Bill Clinton, presidente de EEUU, pide un informe sobre el crecimiento económico en América, del que se desprende la necesidad de crear grandes canales para la transmisión de la información Es el "High-Performance Computing Act", posteriormente conocido como "Global Information Infrastructure". El término que se utilizará en EEUU será el de "IMI" (Infraestructura Mundial de Información), siendo conocido popularmente como el Informe Gore.

La réplica europea viene de la mano de varios informes. El primero, el Libro Blanco de Jacques Delors "Crecimiento, competitividad y empleo en Europa: retos y pistas para entrar en el siglo XXI"[127]; el segundo, y casi simultáneo, el encargado por el Consejo Europeo en 1993: "Europa y la Sociedad Global de la Información"[128] o "Informe Bangemann", por el

---

127. Disponible en http://www.europa.eu.int/en/record/white/c93700/contents.html (Texto Citado)

128. Disponible en http://www.earn.net/EC/bangemann.html. (Texto Citado)

nombre del comisario coordinador. El tercero, el plan de acción de la Comisión de las Comunidades Europeas, "Europa en marcha hacia la sociedad de la información. Recomendaciones al Consejo Europeo". Serán los referentes de las políticas europeas en el campo de las nuevas tecnologías. En ellos se recogen conceptos como autopistas de la información, sociedad de la información, etc., que teóricos como MacLuhan o Tofter habían enunciado en décadas anteriores. A partir de este momento, se implementan numerosos programas que, con mayor o menor éxito, se encaminan a la difusión, al diseño y al desarrollo de la sociedad de la información.

De los tres estudios, posiblemente el más trascendente y el menos conocido sea el "Informe Bangemann" solicitado en 1993 como documento de discusión para la reunión del Consejo Europeo (Corfú, 1994)[129]. En esta ocasión, la reunión tenía el objetivo confesado de plantear las medidas para dotar a la UE de las necesarias infraestructuras en telecomunicaciones. Las propuestas del citado documento permitieron desarrollar una serie de medidas en el ámbito de las telecomunicaciones, diseñando las estructuras jurídicas necesarias. Se aprobó la inversión en nuevas tecnologías al mismo tiempo que se liberalizaba el mercado. Se dictaminó que la inversión pública debería asumir los costos y la iniciativa privada debía desarrollar las inversiones. El objetivo era ambicioso: "…el desarrollo de una sociedad de la información en Europa"[130].

El documento mencionado definía diez acciones prioritarias, de las cuales tres tienen una especial significación para los sistemas educativos, a saber: teletrabajo, la educación a distancia y la implantación de una red de universidades y centros de investigación. La propia estructura de la Comunidad Europea permitía que cada país estableciera su propia normativa, y eso provocó, en parte, el retraso en el desarrollo de las nuevas tecnologías respecto

---

129. http://www.consilium.europa.eu/uedocs/cms_data/docs/pressdata/es/ec/ 00150.ES4.htm

130. **Rojo Villada, P. A (2003)**: "Europa y la sociedad de la información: análisis del impacto del Informe Bangemann sobre la política, la economía y la sociedad europea de la década de los noventa". Revista Latina de Comunicación Social, 54. Última revisión 18/11/2012 de: http:// www.ull.es/publicaciones/latina/200353rojo.htm

a los EEUU. Es en el quinquenio 1995-2000 cuando se concede una mayor atención a la introducción de las Tecnologías de la Información y la Comunicación (TIC) en la escuela.

Recordemos: el Informe Bangemann insistía en que debe ser el sector privado quien impulse la Sociedad de la Información en Europa; a los países que forman la Unión Europea (y a la propia Unión) se les reservan tres funciones: aportar la financiación en la primera fase, proporcionar subvenciones a los centros de investigación, y desarrollo tecnológico para desarrollar nuevos productos y facilitar la normativa, de tal forma que fueran ofrecidas en las mejores condiciones a la empresa privada.

Como era muy evidente la relación entre nuevas tecnologías y sus consecuencias (desregulación laboral, reducción de empleo, precarización, etc…) no se dudó en recurrir a malabarismos lingüísticos en un afán de justificar lo injustificable. Así, la "Dirección General de las Telecomunicaciones, Mercado de la Información e Innovación", fue renombrada en 1999 como "Dirección General de la Sociedad de la información", siguiendo fielmente las recomendaciones del Informe Bangemann. Se dejó de hablar de "información sobre el mercado" y se impuso la "sociedad del conocimiento"; del concepto "Sociedad de la información" se pasó al de "Autopista de la información".

Los neologismos promovieron una recepción favorable por parte de la ciudadanía. Se impuso la introducción de las TIC en el mundo educativo creando una ficción, la del "Ciudadano Europeo" que, dotado con las nuevas herramientas tecnológicas permitiría que: "la nueva sociedad basada en el conocimiento que debe estar abierto a todos". En este sentido, cualquiera capaz de utilizar un ordenador podía participar en la vida social.

La aplicación de las propuestas del informe, su desarrollo en todos los ámbitos de la realidad social y especialmente en la escuela revela una verdad que parece de Perogrullo: el desarrollo de las TIC no procede de una necesidad sentida en el mundo educativo, sino de una apuesta del mundo empresarial para modificar los currículos escolares (y en eso las TIC han proporcionado la cobertura ideológica adecuada) adaptándolos a las necesidades empresariales. Por ello, no es de extrañar que seis de los firmantes del "Informe Bangemann" fueran miembros del mayor "lobby" empresarial europeo, la ERT.

Las propuestas del grupo de empresarios entraron por la puerta grande y en poco tiempo todas sus recomendaciones fueron aceptadas como documento oficial por la Comisión Europea. Como gratificación por el trabajo bien hecho, tres de los firmantes de ese informe fueron contratados para los Consejos de Administración de importantes multinacionales del sector. Por ejemplo, el mismo Bangemann fue incorporado al Consejo de administración de Teléfonica, antes de que legalmente pudiera ocupar el cargo debido a un problema de incompatibilidades[131]. Otro de los consultores del Informe fue Pasqual Maragall, autor del "Informe Escolar 2002"[132] y ex presidente de la Comunidad Autónoma de Cataluña. Aunque introdujo reformas importantes en el mundo educativo catalán, fue Ernest Maragall, su hermano y Conseller d'Educació de la Generalitat de Catalunya, quién fijó, con la aprobación de la LEC (Llei d'educació de Catalunya), un marco normativo donde todas las reformas planteadas por el ex presidente tuvieran cabida. La apuesta del Conseller d'educació por la introducción de las TIC en la escuela catalana de forma masiva, sobre todo en secundaria, fue una de sus hazañas más significativas.

Podemos definir tres grandes objetivos en torno al desarrollo de las Tecnologías de la Información y Comunicación, las TIC. El primero no es, como algunos creyeron, promover la innovación pedagógica, sino más bien promover la aparición de una fuerte demanda, preparando y "formateando" al consumidor. El segundo es desarrollar el mercado de consumo de artilugios informáticos (en especial los diseñados para la evasión). El tercer objetivo es asegurar la transferencia de conocimientos en un escenario de inseguridad en el trabajo. El trabajador deberá ser capaz de reciclar sus propios conocimientos para ser, de esta forma, perfectamente empleable para el mercado. La empresa privada encuentra aquí una fuente de ingresos nada desdeñable.

---

131. **Castell, M.** "La era de la información. Fin de Milenio", Vol. 3. Alianza, Madrid, 2006. Pág. 396.
132. **Maragall, P.** "Informe educativo 2002". Casa del empleado, Madrid, 2002.

Walter Benjamin, uno de los gigantes del pensamiento europeo del pasado siglo, al reflexionar sobre las tendencias del profesionalismo que entreveía en la década de los 30 del siglo XX, manifestaba: "Al orientar desde un principio a los estudiantes hacia fines profesionales, se deja necesariamente escapar como algo estimulador el poder inmediato de la creación. La misteriosa tiranía de la idea de la utilidad, de la profesión, del ganarse la vida es la más profunda de las falsificaciones y la muerte más profunda del futuro del conocimiento. Lo que tiene de más terrible es que todas esas falsificaciones, sobre todo la de la utilidad, llegan al centro de la vida creadora aniquilándola y, desde que la vida de los estudiantes está sometida a la idea de utilidad y de profesión, semejante idea excluye la ciencia, excluye el progreso, excluye la sabiduría, excluye el conocimiento e, incluso, excluye la misma realización del mundo moderno"[133].

Como hemos visto la globalización implica competición entre economías internacionalmente dependientes y la velocidad en la toma de decisiones es vital para que las corporaciones puedan maximizar sus beneficios. Por ello el acceso a la red de información además de un negocio lucrativo, por su propia naturaleza, trae como consecuencia una nueva articulación social. En el marco internacional y europeo las TIC serán la auténtica apuesta de las patronales europeas. Es la "solución milagrosa" que propone la "modernidad pedagógica", como hace décadas lo fueron el aprendizaje audiovisual o la pedagogía por objetivos.

Otro informe de la Comisión Europea señalará: "Todos los estados miembros piensan que hay que revisar las competencias de base que los jóvenes deberían poseer al terminar la escuela o la formación inicial, y que estas deberían incluir plenamente las tecnologías de la información y la comunicación"[134].

Evidentemente no se trata de crear una legión de Ingenieros informáti-

---

133. **Benjamin, W.** "Para una crítica de la violencia y otros ensayos: Iluminaciones IV". Taurus, Madrid 1998.
134. Commission des communautés européennes. e-Learning – Penser l'éducation de demain Bruxelles, le 24.5.2000 Com (2000) 318 Pág. 9.

cos sino de que los futuros trabajadores se adapten a la tecnología. La flexibilidad y la obsolescencia que impone el ordenador, el programa y el teclado (obsoletos todos ellos en pocos meses) es un buen entrenamiento para una realidad marcada por la movilidad y la flexibilidad laboral.

En general, y es una constante en nuestro país, se ha invertido sobre todo en máquinas, pero, comparativamente, muy poco en formación. El objetivo es conseguir que el alumno sepa "hacer funcionar" un ordenador y no tanto que éste sea visto como un instrumento pedagógico. Francia, por ejemplo, se convirtió en el país pionero en la introducción de las nuevas tecnologías en la escuela, gracias a un acuerdo personal entre el expresidente Giscard d´Estany y Bill Gates (en aquel momento en Francia el debate "informática sí o no" era inexistente)[135]. En nuestro país, el proceso de implementación de las nuevas tecnologías se inicia en la década de los 80[136]. En este momento en torno al 70%[137] de la población española tiene acceso a Internet o se ha conectado más de 2 veces.

En general, hay una constante que se repite en los procesos de enseñanza-aprendizaje en las últimas décadas: lanzar "a bombo y platillo" programas educativos que son abandonados sin que se evalúen, sin que se extraigan enseñanzas y, evidentemente sin control de resultados. Por ejemplo, los primeros ordenadores como apoyo educativo se introdujeron en Catalunya hacia los años 80. Era el programa TOAM[138], de origen

---

135. **Laval, C.** Op. cit. Pág. 286.
136. http://www.absysnet.com/tema/tema33.html. En 1982, el Gobierno español crea la primera Subdirección General de Documentación e Información Científica, dependiente del Ministerio de Educación y Ciencia. En 1983 nace el Plan IDOC, Plan Nacional sobre Información y Documentación. Las respuestas al plan se quedaron en iniciativas aisladas, no surgió del plan una política de información nacional, ni tan siquiera se configuró un Plan Nacional de Información con dotación presupuestaria, Igualmente se echó en falta un marco jurídico adecuado para una actuación eficaz desde el sector público.
137. Con datos a última fecha de actualización 31 de octubre del 2012 y según el Banco Mundial la cifra supera el 67%.
138. Fue introducido por la Comisio d´ Informática del Departament d´ensenyament por orden del 26/09/84 publicado en el DOG del 14/11/1984. Pla unitari de formación del Professorat de Te-rrassa. Informática sistema TOAM. CEPS.1986

israelí[139] y utilizado para trabajar las matemáticas y la lengua inglesa. La falta de evaluación práctica del sistema, que se mantuvo operativo hasta hace poco más de un quinquenio, y la utilización de otros sistemas más potentes y menos costosos (Framework, Windows…) relegó el proyecto al cuarto de los trastos inservibles. Nada nuevo por otra parte; todos recordaremos la invasión de medios audiovisuales en los años 70-90 (retroproyectores, diapositivas, etc.) coincidentes con el desarrollo de corrientes como la pedagogía operativa y la pedagogía por objetivos (redescubierta hace pocos años y en proceso de sustitución por el modelo de competencias educativas).

Las grandes empresas del sector educativo vieron en ellas una nueva fuente de negocio y desarrollaron toda una corriente de pensamiento que convertía a los profesores o "centros" que no dispusieran de este material en algo así como "herejes pedagógicos". Ahora la nueva "herejía" es cuestionar las bondades supuestas o reales de las TIC en el aula, aunque las dudas y sospechas sobre su eficacia real como sistema para mejorar el "capital cognitivo" en los alumnos comienzan a estar sólidamente instaladas, especialmente en los niveles básicos de enseñanza.

Para la ciudadanía media, la ecuación "mayor número de máquinas = mayor calidad educativa" se ha convertido casi en un axioma. Conociendo esta realidad, los sucesivos gobiernos autonómicos o centrales han aprovechado en muchas ocasiones el período electoral para dotar a las aulas de nuevas máquinas o nuevos proyectos relacionados con las TIC. Que previamente a la instalación, las Comunidades Autónomas de Galicia, Castilla, Cataluña o Andalucía tuvieran dificultades en las escuelas con el tendido eléctrico obsoleto o con el cableado telefónico que impidiera poner en marcha los ordenadores, era una cuestión menor mientras el Consejero Autonómico pudiera salir en la foto. Al final el resultado conseguido ha sido aumentar el número de líneas telefónicas, de forma tal que en marzo del 2013 había más líneas de móvil que habitantes en nuestro país[140].

---

139. Concretamente del Instituto de Tecnología educativa de Tel-Aviv.
140. http://www.cincodias.com/articulo/empresas/telefonia-movil-supera-espana-nu mero-habitantes/20060605cdscdiemp_5/

La lucha entre los proveedores educativos y sus intereses económicos han determinado en muchos casos las sucesivas innovaciones educativas que se han producido. El silencio mayoritario de las facultades de pedagogía, cuando no la aceptación acrítica de las supuestas "novedades educativas", ha sido condición necesaria en este proceso. Los grandes centros de negocio (en especial las grandes editoriales) han determinado las orientaciones pedagógicas, en una lucha soterrada entre ellas por el control del mercado, camufladas en "devaneos pedagógicos" o en falsas soluciones milagrosas.

a) Las TIC y las modificaciones cognitivas

Como hemos señalado, fue en torno a los años ochenta cuando las administraciones educativas empezaron a invertir seriamente en informática. Era un momento de euforia. Todo eran ventajas respecto al soporte en papel, pero veinte años más tarde las sucesivas investigaciones pintan un cuadro mucho menos halagüeño[141]. En este momento y tras más de 500 años, la imprenta y sus productos están siendo desplazados del centro de la vida intelectual. A partir del fin del siglo XX, multitud de aparatos electrónicos invaden la vida privada y se empieza a temer que puedan provocar variaciones significativas en las estructuras cognitivas. La aparición y la masificación de Internet será el elemento determinante de este proceso.

¿En qué medida el uso masivo de esta tecnología no modifica las capacidades cognitivas de nuestros jóvenes y genera nuevas relaciones sociales? Franck Frommer[142] hace una interesantísima aportación en este sentido: el autor sostiene que la utilización masiva de determinados programas infor-

---

141. De las escasas investigaciones realizadas en nuestro país es preciso recoger este resultado de la investigación hecha sobre el uso de ordenadores. http://peremarques.pangea.org/dadainfo. htm#cata. "Según los profesores que han participado, el uso de los ordenadores en las aulas ofrece una mayor flexibilidad metodológica, contribuye al mantenimiento del orden, mejora las relaciones entre los alumnos y estimula su interés por las asignaturas. No obstante, opinan que los alumnos aprenden más en el aula tradicional (tal vez esta percepción viene condicionada por la evaluación tradicional y sin ordenador que se realiza al final)".

142. **Frommer, F.** "El pensamiento Power Point", Península, Barcelona, 2011.

máticos, en este caso el Power Point, acaba constriñendo la capacidad de analizar procesos complejos, transformándolos en estructuras lineales. Al suprimir los matices se tiende a limitar el análisis global transformándolo en una estructura de causa-efecto.

Nicholas Carr[143] abunda también en la visión de Frommer. Para él la relación entre uso de Internet, la reducción y cambio cognitivo es un tema que comienza a tener una base analítica fuerte, como nos adelanta el autor. ¿En qué medida la enseñanza basada en el uso masivo de Internet no modifica nuestra propia concepción de la realidad? Otras revoluciones en este campo, como la invención de la Imprenta de Gutemberg, ya modificaron la perspectiva social y cognitiva. ¿Acaso la dependencia de las redes sociales por parte de nuestros jóvenes no transforma las relaciones personales?

Los estudios que se están realizando, numerosos y concienzudos algunos, comienzan a vislumbrar las implicaciones de la red en la conformación de los niveles cognitivos. La Red fomenta la lectura rápida, desarrolla un pensamiento apresurado y en muchos casos superficial. La Red no obliga a una lectura superficial pero es ese su objetivo, básicamente porque cuando más flexible y rápida sea la mirada, cuantos más "clics" hagamos, más ingresos económicos reciben los proveedores de servicios informáticos. Google, un motor de búsqueda cuyo objetivo es la manipulación eficiente de la información, incrementa sus ganancias en función del número de conexiones establecidas; su objetivo, como cualquier empresa, es maximizar beneficios. La información es mercancía que debe tratarse con eficiencia puesto que el valor de cada página web se mide por el número de enlaces que apuntan hacia ella.

Umberto Eco describe la preocupación de Platón por la escritura, puesto que ésta podría cuestionar algo tan valioso como la memoria. Hoy sabemos que los libros complementan la memoria, pero también, como dice el semiólogo italiano, «la desafían y mejoran, no la narcotizan»[144]. La Red nos

---

143. **Carr, N** "¿Qué está haciendo internet con nuestras mentes? Superficiales". Taurus, Madrid, 2011.

144. Conferencia pronunciada por Umberto Eco en la Academia italiana de estudios avanzados en Estados Unidos el 12 de noviembre 1996.

está haciendo más inteligentes siempre y cuando la inteligencia sea lo que mida la Red. Volvemos pues al planteamiento clásico de unos de los padres de la comunicación, Marshall McLuhan, quien acabó afirmando que el "medio es el mensaje"[145].

Como hemos señalado, el uso, la utilización e incluso la creación de nuevos instrumentos tecnológicos son el resultado de las relaciones sociales y las contradicciones entre los grupos de poder. Los instrumentos no son neutrales, no son únicamente herramientas, condicionan los resultados mismos. De esta manera Internet y las tecnologías de la comunicación marcan puntos de inflexión en la historia. Las nuevas tecnologías al reestructurar el lenguaje, el primer elemento del pensamiento, ejercen y ejercerán aún más una enorme influencia en la vida intelectual.

Podemos extraer ya una conclusión clara, los principios de la Sociedad de la Información no son neutrales, se dirigen fundamentalmente a la reestructuración económica sin atender apenas a sus repercusiones sociales. Podemos afirmar que nos enfrentamos a una profunda transformación cognitiva. Las nuevas tecnologías se están utilizando para destruir de forma paulatina el anterior modelo de desarrollo económico conocido como Sociedad del Bienestar.

---

145. **McLuhan, M.** "Comprender los medios de comunicación. Las extensiones del ser humano". Paidós, Barcelona, 2008.

Capítulo 4

La economía cognitiva o la crisis del concepto de "capital humano"

Las elevadísimas cifras de paro y el carácter estructural del mismo condicionan y determinan las fórmulas del acceso al empleo. Estos cambios se ven coartados por el discurso "oficial" que subraya la necesidad de un tipo muy determinado de formación como mecanismo de acceso al empleo y otro tipo de formación determinante para preservar este puesto de trabajo. Tenemos pues dos vías en la formación para conseguir el empleo y la formación en el empleo para preservarlo.

Como venimos señalando, la teoría del capital humano sostiene, como tesis central, el papel determinante que tiene la formación para el empleo. Pero las nuevas hipótesis plantean al contrario que el acceso al empleo depende más de las diferentes formas de intermediación entre oferta y demanda que de la propia formación reglada. Esta sigue siendo un criterio importante de selección y reclutamiento del personal pero hay otros sectores donde las redes sociales ejercen un liderazgo importante. La existencia y desarrollo de estas redes como vía de reclutamiento aumenta en los periodos de crisis y desempleo; entre otras razones, porque se han de reducir los costos laborales y los costos de movilidad. Así es posible ver cómo muchos jóvenes con fracaso escolar o estudios primarios tienen posibilidades de empleo siempre y cuando cuenten con el apoyo de redes sociales de parentesco.

La tesis sobre el capital humano tuvo un gran desarrollo mientras había amplias oportunidades de empleo y crecimiento económico. La crisis sistémica que vive la economía occidental y la explosión del desempleo juvenil han agotado las expectativas positivas generadas. Se evidencia que no es el sistema educativo, sino el funcionamiento del sistema productivo el responsable de las dificultades en el mercado laboral. En realidad el desarrollo y la expansión del desempleo, la fragmentación del mundo laboral, la contratación temporal y la precarización de las relaciones laborales han provocado la desvalorización de las certificaciones académicas.

La flexibilidad y la precariedad laboral contribuyen poderosamente a la reducción del valor de cambio de la formación. Hay que aumentar ésta para compensar la pérdida del anterior. El acceso a la posición profesional es cada vez más lento y dificultoso, ya no es suficiente la antigua titulación académica. La permanencia de los miembros jóvenes en procesos formativos demuestra la incapacidad del sistema de dar salida vital a cada vez más amplios sectores sociales. La educación no pierde el valor de uso, la escuela sigue siendo aún el espacio en el cual se reafirma y se perpetúa la condición juvenil y se prolonga en el tiempo. Hay una evidente contradicción entre la oferta de una fuerza de trabajo con altísimos niveles de escolarización y una demanda no cualificada, intermitente, discontinua y sobre todo temporal. En todo este proceso estamos asistiendo a un debate centrado en la escuela y que alcanza todos los sectores sociales.

Como venimos señalando, para la OCDE y el empresariado todo trabajador activo debe ser responsable de su propia formación. La escuela o la Universidad no pueden dictarle su curso o su itinerario, "La voluntad individual de aprender y la diversidad de la oferta son las condiciones indispensables para una ejecución satisfactoria de la educación y la formación a lo largo de la vida "y el texto añade: "en el seno de las sociedades del conocimiento el papel principal, el protagonismo se devuelve a los propios individuos". El factor determinante es la capacidad que el ser humano posee de crear y explotar los conocimientos de una manera eficaz e inteligente dentro de un entorno en perpetua evolución. Se abre paso una ecuación donde se deben evaluar las ventajas y los costes desde el punto de vista de la inversión educativa. El documento utiliza la comparación del orientador con un corredor de bolsa. La ecuación "conocimiento = formación útil" es el objetivo buscado. No hay pues margen para el aprendizaje humanista, para el ansia del conocimiento por el conocimiento; todo ha de ser constreñido al plano de la rentabilidad económica inmediata.

El nuevo modelo de trabajador que se pretende popularizar es el "trabajador cognitivo". Este "aprendiz de emprendedor" debe desarrollar sus propias capacidades de información teniendo en cuenta la relación costo/beneficio".

Capítulo 5

La educación emocional

En paralelo al desarrollo de un modelo de escuela neoliberal, se ha construido todo un entramado psicológico que le sirve de sostén más allá de su cientificidad, real o imaginaria[147]. El concepto de educación emocional forma parte de ese entramado.

Este concepto se basa en el de "inteligencia emocional", de Goleman que, a su vez, se fundamenta en la teoría de las inteligencias múltiples de Gardner[148]. Su enorme expansión mediática ha conseguido impregnar profundamente los métodos educativos y la pedagogía, retroalimentándose de otras corrientes que, como el constructivismo, adquieren en el marco de la nueva escuela una voluntad de uniformidad.

Hay un acuerdo general en que el término "inteligencia emocional" aparece por vez primera en el estudio de Mayer y Salovey en 1990[149], precursores de la teoría de las Inteligencias Múltiples de Gardner (Goleman[150]

---

147. **Michelson. L** y otros. Las habilidades sociales en la Infancia. Martínez Roca. Barcelona. 1987 Pag. 27. (Gran parte de las investigaciones realizadas han tenido como fundamento estudios de correlación estadística. Sugieren relaciones y asociaciones entre las habilidades y su funcionamiento futuro no las demuestran. La ambigüedad causal en estos estudios son fácilmente asumibles en una sociedad desorientada y desorganizada.)

148. **Gardner, H.** "Inteligencias múltiples. La teoría en la práctica"; Paidós.Barcelona. 2011,.

149. **Mayer, J. D.-Salovey,** "Emotional intelligence" Imagination, cognition and personality , 9 (1990)

150. **Goleman, D.** "Inteligencia emocional" Kairós, Barcelona, 1996.

será simplemente el gran divulgador). No hay una única definición, aunque sí varias propuestas que pretenden contenerla (Mayer[151] Goleman[152]… entre otros). Todos discrepan en las habilidades que debe poseer una persona emocionalmente inteligente, pero están de acuerdo en que le hace más fácil y feliz su vida[153]. Bisquerra define la educación emocional como la respuesta que "Cristaliza en propuestas concretas de intervención encaminadas a la prevención de los efectos nocivos de las emociones negativas y la potenciación de les emociones positivas, de cara a alcanzar un mayor bienestar personal y social".[154]

El concepto de inteligencia emocional no es novedoso. Sus orígenes se rastrean en la filosofía estoica. Sus figuras más conocidas son los filósofos del estoicismo tardío correspondientes al mundo romano: Séneca (S. I d.C.) tutor de Nerón, su contemporáneo el esclavo Epicteto (S. I d.C.) y el emperador filósofo Marco Aurelio (S. II d.C). El mundo romano populariza el pensamiento estoico y lo proyecta en el judeocristiano, que aceptará su aspecto ético. Tertuliano considera a Séneca como "uno de los nuestros". San Jerónimo, Padre de la Iglesia, lo incluye en las listas de los santos cristianos[155] y San Agustín le dedica términos elogiosos[156]. Sus ecos resuenan en Erasmo de Rotterdam, Juan Luís Vives, Michel de Montaigne, Descartes, Kant y, ya en el siglo XX, se recupera en obras de divulgación filosófica[157].

De los estoicos romanos, Epicteto, aunque no sea el más conocido, es el más influyente. Esclavo, compró su libertad y se convirtió en uno de los

---

151. **Mayer, J. D.** Ob. Cit.
152. **Goleman, D.** Ob. Cit.
152. **Extremera, N.** y **Fernandez-Berrocal, P.** "El papel de la inteligencia emocional en el alumnado: evidencias empíricas". Revista Electrónica de Investigación Educativa, 6. (2004).
154. **Bisquerra** "I Congrès Estatal d' Educació emocional", Barcelona, Febrero, 2000.
154. **Jerónimo, S.** (Jerónimo de Estridón). Epistolario de San Jerónimo. I: Biblioteca de Autores Cristianos. Madrid 1993.
156. **Agustín, S.** "La Ciudad de Dios" libros I-VII / Gredos. Madrid. 2007.
157. **Botton, Alain de**; "Las consolaciones de la filosofía. Para tomarse la vida con filosofía". Taurus. Madrid 2004.

grandes filósofos con multitud de seguidores. La escasa obra conservada tiene un carácter eminentemente práctico y eso la hace especialmente atractiva. "Las cosas por sí mismas no nos hacen daño ni nos ponen trabas. La forma en que veamos las cosas es otro asunto. Son nuestras actitudes o reacciones las que nos causan problemas"[158]. La traducción de su pensamiento al lenguaje contemporáneo tiene absoluta vigencia. "De hecho, el pensamiento de Epicteto se puede considerar como una de las raíces primarias de la moderna psicología del autocontrol, dado que sus enseñanzas han tenido una enorme influencia en los principales pensadores que se han dedicado al arte de vivir durante casi dos milenios (a pesar de que el pensamiento de Epicteto se conozca menos en la actualidad debido al declive de la educación clásica)"[159]. Marco Aurelio[160], el emperador filósofo y la figura más popular de la corriente estoica, reconoce implícitamente las aportaciones intelectuales del antiguo esclavo. Su influencia, aunque no su reconocimiento, se ha visto desarrollada de forma impresionante por la repentina omnipresencia del concepto de Inteligencia Emocional.

Hay algo sorprendente en el hecho de que la teoría de la inteligencia emocional se expandiese tan rápidamente. Ciertamente presenta un enfoque nuevo: la inteligencia ya no iba unida a la excelencia del currículum escolar; la insistencia en que los resultados académicos no eran indicativos fiables del éxito en la vida resulta altamente estimulante. Afirma también, y esto lo hace especialmente atractiva, que el CI (coeficiente Intelectual) parece aportar tan sólo un 20% de los factores determinantes del éxito profesional[161] y que el otro 80% depende de otro tipo de variables, liberando así al individuo de la losa del currículum escolar. Ésta es una de las razones que explican su atractivo para una parte importante de la población.

Además, algunos aspectos centrales de esta teoría la hacen especialmente

---

158. **Epicteto** "Un manual de vida. Una nueva interpretación de Sharon Lebell" José J. de Olañeta Ed. 1997; p. 23.
159. **Epicteto** Ob cit p.10.
160. **Marco Aurelio** "Meditaciones" Alianza Editorial, Madrid. 2004.
161. **Goleman, D.** Ob. Cit. p. 64.

interesante en una época de crisis económica[162]: la insistencia en la capacidad de controlar las emociones, la auto-motivación y el control de las relaciones sociales permiten focalizar las consecuencias de la política económica en el individuo, culpabilizándolo si no se adapta, mientras se ponen a salvo los reales responsables de la crisis social.

Pero ninguna teoría puede explicarse al margen de la sociedad que la ve nacer. La década de los 80 fue, en EEUU, una época de crisis económica y, como una solución, apareció la tendencia del "downsizing corporativo" (eliminación de tantos puestos de trabajo como fuera posible, tanto en la administración como en los talleres) que vino a poner en duda la propia naturaleza empresarial[163]. Por ejemplo, en el quinquenio 1980-85, Jack Welch, presidente de General Electric, despidió a 112.000 trabajadores de la empresa y anunció que, anualmente, despedirían al 10% de la plantilla menos productiva. La situación se contagió a otras industrias hasta romper las reglas del juego económico tradicional e imponer unas nuevas; en 1987 el New York Times podía escribir que este nuevo orden empresarial "destruye la lealtad de los trabajadores, los productos, las estructuras empresariales, los negocios, las fábricas, las comunidades e incluso la lealtad al país. Bajo las nuevas reglas, todos estos elementos se consideran prescindibles". Entre 1980 y 2003, unos treinta millones de oficinistas norteamericanos perdieron su trabajo en las reestructuraciones empresariales. En esta situación ni las empresas privadas ni las públicas tenían gran cosa concreta que ofrecer a las víctimas de aquel desmantelamiento masivo. El subsidio de paro generalmente se agotaba a los seis meses y la cobertura sanitaria expiraba a la vez que el contrato de trabajo. Es en estas circunstancias, con millones de trabajadores que reaccionan entre iracundos y angustiados ante la situación, cuando la inteligencia emocional se populariza y se expande hasta convertirse en un fenómeno global; de tal manera que no solo abarca las emociones sino otros campos de la actividad humana como la cocina o

---

162. **Salovey,** citado por **Goleman, D,** "Inteligencia emocional"; Kairós, Barcelona. 1996, p. 79-81.

163. **Ehrenreich, B** "Sonríe o muere. La trampa del pensamiento positivo", Turner. Madrid. 2011. p. 112-139.

la decoración. No se puede caer en la simplificación lineal de creer que la crisis produjo la teoría, aunque hay estudios que apuntan en esta dirección, pero tampoco debemos ignorar la concurrencia de estos dos fenómenos.

Como hemos apuntado con anterioridad, la teoría de la "inteligencia emocional" tiene importantes implicaciones en el ámbito educativo. En noviembre de 1991, la Conferencia General de la UNESCO invitó a su director general a convocar una comisión internacional para reflexionar sobre la educación y el aprendizaje en el siglo XXI[164]. A comienzos de 1993, bajo la presidencia de Jacques Delors, se constituyó oficialmente la Comisión[165], cuyo trabajo se publicó bajo el título "La educación encierra un tesoro". En este informe, crucial para entender las líneas maestras del futuro de la educación, se apunta la necesidad de introducir el conocimiento de sí mismo como medio para mantener la salud física y psicológica[166] frente a los conflictos de todo tipo que tendrá que afrontar el individuo. De los cuatro pilares que propone como fundamentos de la educación del futuro, uno (Aprender a hacer) apunta directamente a la necesidad de una educación emocional al hablar de "una competencia que capacite al individuo para hacer frente a gran número de situaciones y a trabajar en equipo"[167], mientras que dos más (Aprender a vivir y Aprender a ser) lo hacen por su propio contenido. Casi al mismo tiempo (1995) Goleman, publica "Emotional Intelligence". Sobre estas bases, se ha desarrollado una corriente instrumental que proyecta la denominada "Educación Emocional" hacia el ámbito educativo.[168]

---

164. **Delors J.** "Educació: hi ha un tresor... Informe per a la UNESCO de la Comissió Internacional sobre Educació per al Segle XXI". Centre UNESCO de Catalunya, Barcelona, 1996; p. 235.
165. **Delors J.** "La educación encierra un tesoro. Informe a la Unesco sobre la educación para el siglo XXI. Compendio" Santillana. Ediciones UNESCO p. 41.
166. **Delors, J.** Ob cit. p. 12.
167. **Delors, J.** Ob cit. p. 36.
168. **Maurice, J., Elias, S, Tobias y Brian S. F.** "Educar con inteligencia emocional. (Como conseguir que nuestros hijos sean sociables, felices y responsables), Plaza y Janés, Barcelona, 2002.

De lo anterior no debe deducirse que la insistencia en la educación de las emociones sea algo perverso (perverso es algo o alguien que voluntariamente busca producir un mal). No lo es y, en todo caso, no haría más que insistir en un concepto muy antiguo, "Hace más el que quiere que el que puede", vestido, eso sí, con los ropajes de la modernidad. Pero no se puede obviar que una utilización torticera del concepto deriva en la culpabilización del individuo, atribuyendo causas endógenas a lo que es exógeno: un trabajador puede estar angustiado en un momento de crisis económica como la actual, pero por mucha educación emocional que tenga, difícilmente encontrará un trabajo si no hay un empresario dispuesto a contratarlo.

Hay un aspecto que nunca se explicita pero que subyace: el trabajo sobre la educación emocional es individual, no social. Los teóricos hablan de un individuo que está inmerso en una sociedad, en un grupo, pero ese trabajo de atención a las propias emociones para identificarlas, para pulirlas ¿no está exacerbando los aspectos individuales del sujeto al tiempo que difumina su sentido de pertenencia a una colectividad y lo deja indefenso ante estructuras sociales y económicas que lo superan?

Esta concepción invita a reconstruir nuevas realidades. Según la propaganda en vigor, el nuevo empleado ha de convertirse en un "trabajador emocional". Es una pieza más en el nuevo modelo educativo donde "la educación emocional" tendrá un peso específico. El nuevo trabajador debe poseer "técnicas de autocontrol" capaces de facilitar su integración social. Las fórmulas de control se transforman; de los sistemas panópticos se pasa a otros no tan evidentes pero no menos eficaces: la "autoconciencia". Al margen de cualidades y competencias básicas, el futuro "trabajador cognitivo" debe haber desarrollado habilidades específicas que le permitan una mayor adaptabilidad a las situaciones de riesgo e incertidumbre. Debe ser capaz de decidir lo que es bueno para él y para ello necesita la ayuda de guías emocionales; de ahí el amplísimo desarrollo que ha tenido en los últimos años toda la concepción del "control emocional" y el "monitoring", con la aparición de nuevas figuras en el mercado laboral, los orientadores o los "coaching emocionales", sin contar con las numerosos manuales publicados.

Las sucesivas reformas escolares tendrán una de sus bases en preparar a los futuros "trabajadores flexibles" y conseguir que sean responsables de la "marcha del trabajo". Es un intento evidente de suprimir el conflicto social mediante la idea de que "todos estamos en el mismo barco". Así la subjetividad como trabajador se transforma; ahora no seremos trabajadores/parados, seremos emprendedores, nos orientaremos hacia un mundo de propietarios y disfrutaremos del capitalismo popular… Esta tendencia necesariamente rehúye el "nosotros" comunitario y exacerba el "yo".

Capítulo 6

Las competencias educativas

Este concepto esencial permite comprender mejor la relevancia de las reformas en curso en el sistema educativo y la naturaleza de las ilusiones que lo vehiculan.

En el discurso europeo, las "competencias de base" traducen la palabra inglesa "skills". A este concepto se le añade generalmente el adjetivo "marketable", que se ha traducido como "negociable según el mercado". El mercado del empleo debe dictar a las instituciones escolares y universitarias los contenidos y las formas de aprendizaje. El mercado será el método normalizador de toda la acción educativa. La nueva tendencia de la educación nacida del "capitalismo cognitivo" presupone una condición básica: la obsolescencia de los conocimientos, será el concepto de competencias su sustituto y quién monopolizará el discurso escolar.

"Competencias básicas" es una noción polisémica como pocas. Está presente en todos los discursos y en todas las propuestas de análisis. Se ha convertido en un "lugar común de la pedagogía" que muy poca gente ha cuestionado. Al poseer esa enorme capacidad polisémica se le pueden atribuir tantos significados como se desee. Se construyen definiciones diversas y contradictorias. La repetición de este concepto, tan vago como difuso, permite introducir con más facilidad los conceptos económicos que están en su génesis fusionando, de ese modo, el campo económico y escolar. La escuela se ve abocada a cambiar sus métodos y sus contenidos. Se redefine todo el edificio de la institución escolar, puesto que el nuevo discurso forma parte de la espina dorsal de la práctica pedagógica.

Como hemos visto anteriormente, el concepto de competencias básicas nace del interés del Banco Mundial y los distintos lobbies empresariales. En 1997, la Comisión Europea recoge de forma literal, y eleva a rango de dogma, unas recomendaciones, que en la práctica van a convertirse en ideario pedagógico: "… conceder la prioridad al desarrollo de competencias profesionales y sociales para una mejor adaptación de los trabajadores a la evolución del mercado laboral." Bajo este planteamiento se esconde la desvalorización de la escuela como centro simbólico de control del conocimiento. La capacidad de comunicación en la lengua materna y extranjera, las TIC, el cálculo, la cultura científica, tecnológica y matemática, el espíritu empresarial, competencias interpersonales y cívicas, aprender a aprender y cultura general son un listado de competencias básicas que la Unión Europea estableció en el 2002 en la reunión del Consejo Europeo de Barcelona. Las competencias podrán enunciarse de una u otra manera. Todas pasarán por el filtro de la cultura de cada país pero todas también tendrán vocación de uniformidad.

La noción de competencias propone un cambio tan sistémico que hemos de temer que la escuela se convertirá en un transmisor de contenidos que no tienen nada que ver con su función histórica. La desinstitucionalización a la que conduce el discurso dominante agravará aún más la pérdida de legitimidad de la escuela y de los saberes formales que continúa intentando transmitir. Para los promotores de las reformas europeas, la única instancia que puede guiar a los individuos es el mismo mercado, por tanto la referencia siempre será el mercado del empleo hacia donde los individuos orientarán sus esfuerzos, obligados a invertir en su formación para aumentar su nivel de competencias y sus posibilidades de empleabilidad.

"El aprendizaje por competencias" no tiene una definición única (aún no está claro si es un modelo pedagógico o una filosofía de la educación) pero existe, eso sí, una cierta convergencia entre las diversas definiciones del concepto. Autores como Moya y Horcajo, sitúan las competencias básicas en el ámbito de lo cognitivo-afectivo y, siguiendo a Berstein y Perrenoud, las definen como "ante todo, la forma en que las personas logran movilizar todos sus recursos personales (cognitivos, afectivos, sociales, etc.) para lograr el éxito en la resolución de una tarea en un contexto definido". Así pues, las competencias constituirían un tipo de aprendizaje que se sitúa entre los comportamientos y las capacidades. Según el proyecto DeSeCo, (1997), promovido por la OCDE y financiado por los EEUU, "Una competencia es más que conocimientos y destrezas. Involucra la habilidad de enfrentar demandas complejas, apoyándose y movilizando recursos psicosociales (incluyendo destrezas y actitudes) en un contexto en particular."

En Catalunya, uno de los lugares del estado que más ha desarrollado el concepto, el Consell Superior d'Avaluació de Catalunya (Consejo superior de Evaluación) define a las competencias como: "la capacidad de poner en práctica de forma integrada, en contextos y situaciones distintas, los conocimientos, las habilidades y las actitudes personales adquiridas. El concepto de competencia incluye así tanto los saberes (conocimientos teóricos) como las habilidades (conocimientos prácticos o aplicativos) y las actitudes (compromisos personales) y va más allá del saber o del saber hacer o aplicar porque incluye también el saber ser o estar".

La génesis del término es anterior, se remonta a la década de los 70. Se utiliza para describirlo la acepción anglosajona «compentency based education". Como está situado en el ámbito de las necesidades empresariales, se desarrolló en paralelo a la pedagogía inspirada en el modelo anglosajón. Otros autores lo hacen derivar del constructivismo.

Lo realmente importante es su velocidad de difusión a partir de los 90. El Consejo de las Comunidades Europeas, bajo la presidencia de Delors, lo propone en Europa a través del informe "Crecimiento, Competitividad y empleo". Evidentemente, sus preocupaciones no son pedagógicas; pretende adaptar el modelo educativo europeo a la nueva situación mundial.

La influencia del concepto de "capital cognitivo" en el documento es evidente puesto que plantea la relación costo/inversión en educación como elemento esencial del nuevo modelo de crecimiento. En 1994, el Consejo reunido en la ciudad de Essen confirmará esta nueva orientación. En paralelo el grupo de alto nivel presidido por Martin Bangemann presentará su propio informe. En 1995, el Grupo Consultivo sobre la competitividad, reunidos en la ciudad de Cannes elaborará un nuevo texto validando las decisiones tomadas. Ese mismo año, la CEE publicará un nuevo Libro Blanco sobre la educación y la formación titulado "Enseigner et apprendre. Vers la societé cognitive", que servirá de documento de debate para la declaración del Año Europeo de Educación en 1996. Al mismo tiempo, la Unesco publicará "La educación encierra un tesoro" que, como ya hemos indicado, será la obra de referencia en el diseño de las políticas educativas en los últimos decenios.

La discusión sobre "competencias" se adorna con el celofán de la pedagogía pero se obvia que es la preocupación mercantilista la que las define. En la práctica el aprendizaje por competencias tiende a devaluar el conocimiento social. Si hubiera sido la "tabla de salvación de la educación occidental" ¿por qué nadie se había preocupado antes de ella? La respuesta es simple, la evolución de la crisis sistémica del modelo capitalista ha empujado a las empresas a un proceso acelerado de innovación productiva. Teniendo en cuenta la inestabilidad económica se hace del todo imposible desde la óptica del modelo actual predecir las capacidades que el trabajador necesitará en un futuro. Sobre este telón de fondo, la solución que encuentra la Comunidad Europea es el desarrollo de las competencias como modelo educativo.

Éstas presentan una triple ventaja. La primera, que aproxima el mundo de la empresa a la escuela. La segunda, que permite centrar la escuela en las demandas del empresariado (adaptabilidad, movilidad, flexibilidad…). La tercera, que da solución a la contradicción entre el larguísimo período educativo que es necesario desarrollar en un mundo laboral cada vez más polarizado.

Desde esta perspectiva, se hace imprescindible la innovación de los programas curriculares, es decir, el cambio y su adaptabilidad al nuevo entorno económico. Para relevantes personalidades de la política europea como la señora Edith Cresson[169], "el saber y el conocimiento se han convertido en algo obsoleto"… El saber se ha convertido, en nuestras sociedades y nues-

---

169. Ex primer ministro de Francia entre 1991 y 1992.

tras economías que evolucionan rápidamente, en un producto perecedero. Lo que aprendemos hoy estará obsoleto o será incluso superfluo el día de mañana…" Así la cultura entendida en sentido amplio, al no tener aplicación inmediata en el mundo económico, es considerada como una rémora.

El "aprendizaje por competencias" será el nuevo soporte del conocimiento ligado a una función económica; es obligatorio en este aspecto que la enseñanza sea instrumental y que desarrolle una capacidad para acceder rápidamente a saberes nuevos con carácter aplicativo. Es necesario bajar los niveles de conocimiento. Se acepta que se impartirán menos saberes y que éstos serán instrumentales al servicio del nuevo sistema competencial. Es una contradicción puesto que algunos saberes son componentes cognitivos básicos que, al no desarrollarse, limitarán las capacidades individuales futuras. Sin embargo, todo esto carece de importancia puesto que lo que exige el mercado es entre otras cosas el control de la "comunicación" o la predisposición emocional y la adaptabilidad cognitiva a entornos cambiantes. Así el conocimiento se convierte en anecdótico, lo que importa es saber movilizar los recursos instrumentales independientemente de los conocimientos reales. Es determinante construir un PowerPoint, crear un blog, o manejarse en las redes sociales, pero no es importante saber con qué finalidad.

En realidad el concepto de "aprendizaje por competencias" es de tal vaguedad que cada uno puede interpretarlo como quiera. La gran patronal llama continuamente a dominar una fundamental: las tecnologías de la información y la comunicación (TIC). Se tiene que conseguir que los futuros trabajadores estén familiarizados en el entorno comunicacional y por otro lado sean consumidores de productos electrónicos. El nuevo ideal de persona es el de un «trabajador flexible». El empresario pretenderá que sus trabajadores tengan una cierta capacidad de discernimiento, una cierta autonomía que les permita, a través del uso de nuevas tecnologías adaptarse al sistema productivo. De esta forma, en lugar de seguir las órdenes se pretende que el trabajador prescriba su propia conducta, indirectamente se pretende la superación del conflicto de clase.

En el mundo educativo el concepto de "competencias" se ha unido junto al de innovación educativa como justificación de las novedades. La innovación educativa es otra de esas palabras "mantra" en la jerga pedagogista; aunque nadie se ocupa de verificar que lo "más innovador" se concrete realmente en adquisiciones para los alumnos. De hecho, bajo la sábana de la innovación, se incluye también la de "modernización", que afecta a la organización de los fines y los medios. Sumergir al alumno en continuos proyectos pedagógicos que exijan innovación continua es forjar en los futuros trabajadores un criterio de flexibilidad y capacidad de adaptación a entornos cambiantes. Los términos "innovación continua" y "mercado en perpetuo cambio" unidos a la ideología creada en torno a las nuevas tecnologías están en la base de los nuevos modelos educativos.

La simbología de la "innovación educativa" es en realidad un señuelo. Unir la expresión "reforma" a la de "innovación" introduce en los profesionales referencias positivas. La oposición a este concepto implica la estigmatización profesional, se es "antiguo". Se ha construido un imaginario común al que se le atribuye la capacidad de resolver todos los males de la escuela. En paralelo se está desarrollando otra idea especialmente peligrosa, el "ludismo educativo". La huida del conocimiento y la transmisión de saberes, que propone la escuela neoliberal, se salda con la apelación hacia lo "lúdico". El saber ha de ser divertido y no ha de costar esfuerzo.

La radicalidad de este discurso, el de "innovación y competencias", es en general mal percibida; no se es consciente de que está minando la institución escolar al destruir los fundamentos históricos de su legitimidad. Si concebimos el sistema educativo como un mero apéndice institucional del mercado de trabajo, los profesionales (maestros, educadores, profesores...) tendrán como función "acompañar individualmente" a los alumnos en su "orientación activa" ejerciendo respecto a ellos un "coaching y un monitoring" que los conducirán a "optimizar su potencial" de cara a su integración en el mundo de la empresa. Para la escuela, se tratará esencialmente de enseñar a los futuros aprendices la competencia suprema, la meta-competencia: la de "venderse" a los empleadores.

Capítulo 7

El ataque al conocimiento

Los nuevos métodos de aprendizaje se enmarcan dentro de la teoría general del conocimiento del constructivismo. Este modelo define los pasos a seguir. En la práctica la pedagogía actual ha recogido sólo parcialmente algunas concepciones del paradigma constructivista. Se ha hecho una lectura sesgada; por ejemplo, se ha querido poner en el mismo plano la psicología genetista de Piaget y las teorías de Ausubel.

En realidad, la existencia de varias tendencias dentro del constructivismo ha permitido que visiones como el "constructivismo radical" impregnen modelos y formas organizativas diversas. Esta visión entiende la construcción del saber desde una posición darwinista y adaptativa; es decir, el proceso cognitivo se produce por la adaptación del niño al medio y no por el descubrimiento de una realidad objetiva, negando igualmente la posibilidad de la transmisión de conocimientos del profesor al alumno, ya que ambos construyen estrictamente sus significados. Es sin duda el nuevo ideal pedagógico.

La versión neoliberal sólo entiende que la formación del conocimiento es meramente un proceso interpersonal. Las consecuencias pedagógicas son múltiples. La primera, la función del profesor ahora convertido en un mero entrenador. La segunda, la relatividad del conocimiento. La tercera, el activismo pedagógico: el conocimiento deriva exclusivamente de la actividad y el control de la información; aquello que se puede manipular es susceptible de ser comprendido, por tanto conceptos como memoria, esfuerzo, abstracción-cognición son procesos en vías de obsolescencia. Internet y las TIC serán los nuevos referentes. De la actividad cognoscitiva pasamos, sin solución de continuidad, a la pasividad ante la pantalla del ordenador.

En países como el nuestro y tras la implementación de la LOGSE, muy pocos autores se han atrevido a cuestionar el modelo bajo la pena de ser tachados de "herejes pedagógicos", olvidando que precisamente los autores antes mencionados son los primeros en cuestionar los modelos vigentes en su momento. La aplicación del método constructivista, tal como se diseña en los sistemas curriculares de nuestro país, no es sino reflejo de una lectura parcial que oculta aspectos centrales y enaltece aquellos otros susceptibles de ser utilizados por el modelo neoliberal para justificar sus propios fines. Por ejemplo, las referencias a la construcción individual del conocimiento, que están en la base de la psicología genética de Piaget, son ideales trasladados al mundo de la pedagogía para establecer baremos, procesos y objetivos fácilmente evaluables, bajo el supuesto de que cada individuo "per se" alcanza un "estadio evolutivo" perfectamente reconocible y por tanto evaluable.

Los constructivistas más radicales huyen de una premisa clásica que sostenía Vygotsky: que el conocimiento se desarrolla a partir de la integración social. Frente a esta visión se está desarrollando una concepción individualista donde la función del profesor queda limitada al papel de mero "coaching". Se han llegado a emplear consignas del tipo «El mejor profesor es el que menos enseña», atribuida a H. Freudenthal. El desarrollo de esta concepción, ligada a los intereses de los grupos dominantes, se ha traducido en nuestro país en el desarrollo de un enorme relativismo cultural (todas las opiniones valen lo mismo), la mediocridad intelectual (pagas más, estudias menos) y el conformismo pasivo de sectores de profesores, acabaron evaporando cualquier rasgo "progresista" de los planteamientos constructivistas.

Vemos como la visión de Vygotsky y sus colaboradores Luria y Leontiev, (y otros representantes de la escuela soviética, nacida del materialismo histórico, como Rubistein, Liublinsckaia, Talyzna, Galperin) es manipulada torticeramente hasta convertirla en una caricatura de sí misma y ponerla al servicio del modelo de escuela neoliberal. La psicología dialéctica de estos autores señala que el aprendizaje está en función de la comunicación en el desarrollo. Éste último es el resultado de la interacción de la información genética y el contexto experimental con el medio. Para Vigotsky, el nivel de desarrollo alcanzado no es un punto estático, se establece en un amplio intervalo.

El enfrentamiento del autor soviético con la teoría estatista de Piaget se centra en la explicación del desarrollo. Para el autor ruso el desarrollo sigue al aprendizaje, puesto que éste es quien crea el área de desarrollo potencial. Lo esencial no son las actividades individuales que realicen los individuos sino el bagaje cultural que se transmite en la relación educativa. Las conquistas históricas de la humanidad, que se comunican de generación en generación, no sólo implican contenidos, conocimiento temporal o cultural, también suponen formas, estrategias, modelos cognitivos, de investigación, relación…etc.

Insistimos, la visión constructivista es profundamente poliédrica. De ella se ha seleccionado una tendencia cognitiva adecuada a las características del sistema productivo que precisa un conocimiento lineal y jerárquico sustentado en un "conocimiento básico". La idea prevalente será que a través de la sistematización de la información será donde se adquiera y se preserve el conocimiento. La organización escolar derivada tendrá pues como objetivo el concepto de eficiencia, definida por objetivos y contenidos establecidos. La evaluación sistemática guiará la planificación. Aspectos como la intuición, la imaginación u otros serán específicamente devaluados.

La adaptación del constructivismo al mundo escolar, como hemos enunciado, tuvo entre una de sus consecuencias la eliminación de la memoria como fórmula de aproximación al conocimiento. El debate que se suscitó en su momento ha sido puesto en sordina por la propuesta de la escuela neoliberal. Al profundizar la visión instrumental de la enseñanza se ha desterrado esta cuestión. La aparición de Internet viene a ser para la sociedad actual lo que la escritura para el mundo grecolatino. La escritura cambió el desarrollo de la memoria. Para los grandes pensadores la memoria era como para San Agustín "un reflejo en el hombre del poder de Dios"[170]. Erasmo de Rotterdam escribió "De copia (1512)"[171], un auténtico manual para sus alumnos donde se establece la conexión entre memoria y lectura. William James, a la sazón uno de los precursores del conductismo, en una de sus conferencias en 1879 declaró que «el arte de recordar es el arte de pensar»[172].

A mediados del XX la memorización misma había comenzado a caer en desgracia. Los educadores progresistas desterraron esta práctica de las aulas, desdeñándola como fruto de una época oscura. En nuestro país fue especialmente anatematizada por sus resabios franquistas. La LOGSE representó la puntilla para este soporte pedagógico y, con él, a muchas de las actividades relacionadas con el esfuerzo intelectual. El instrumento que durante siglos era la base del conocimiento y la creatividad se vio como un desperdicio de energía mental. Se teorizó que la Red sería el sustituto. La diosa de la memoria (Mnemósine) había perdido su condición sobrenatural y se había transfigurado en una mera máquina.

En la década de los 70 se generó un debate en torno a la utilidad de la calculadora. La cuestión se solventó con la victoria de la máquina; esta permitía a los estudiantes dedicar menos carga de trabajo a la memoria a corto plazo para concentrarse en el esfuerzo intelectual más profundo. La Web, por el contrario es diferente, aumenta la presión sobre lo inmediato y resta recursos a las facultades superiores, reduce la memoria y los esquemas a largo plazo. La calculadora resultó ser una ayuda, la web parece más una tecnología del olvido. Creer que las "autopistas de la información" nos llevarán a una «revolución del conocimiento» es repetir una consigna huera. El costo, ya lo estamos viendo, es la estandarización y una reducción del conocimiento porque, ni la transmisión, ni la interacción, ni la expresión son sinónimos de comunicación[173]. A más información en realidad más

---

170. **Agustin, San.** "Confesiones" Gredos, Madrid, 2009.

171. **Erasmus, D.** "De copia verborum ac rerun. Recursos de forma y contenido para enriquecer un discurso" Cátedra, Madrid, 2011.

172. **Carr, N.** Ob. Cit. Pág. 222.

173. **Correa. G. R.** "La sociedad mesmerizada. medios, nuevas tecnologías y conciencia crítica en educación", Universidad de Huelva Servicio de publicaciones, 2001, Pag. 185.

desinformación. En palabras de Dominique Wolton[174], "La información tropieza con el rostro del otro. Se soñaba con la aldea global, pero se redescubre la torre de Babel..." La información "per se" jamás se puede convertir en conocimiento. Internet se ha demostrado extraordinariamente útil para buscar información a gran velocidad, pero al mismo tiempo absorbe la mayoría de las otras tecnologías intelectuales.

Las quejas de los docentes de la ESO y bachillerato cuando sus alumnos se enganchan a las redes sociales en clase se ha convertido ya en un lugar común. Un proceso que se extiende con gran rapidez también a las clases de primaria[175]. Tenemos alumnos digitalizados, pero ignorantemente digitalizados. Las redes sociales se han convertido en fuentes de consumo de servicios e incluso productos pero no de ideas ni de conceptos. Internet es "la" finalidad más que un instrumento. Asistimos a dos procesos interrelacionados entre sí. La retirada del campo de la pedagogía de la "memoria"; arrojada al cajón de los trastos viejos y su sustitución por las nuevas tecnologías. Se ha pretendido que Internet sea su "solución final".

Las investigaciones más punteras abren graves dudas. Internet no mejora "per se" las capacidades cognitivas, sino que las transforma. La obra de Marsall Mcluhan y otros autores nos pone en guardia frente a esta cuestión; la capacidad de recordar es la esencia del pensamiento, es la materia con la que estructuramos nuestra información. Desde la óptica de la lingüística, la neuropsiquiatria, la biología y la pedagogía se plantea una duda; ¿se está cambiando el modo en el que leemos por pura conveniencia adaptativa gracias a Internet o porque el modo de pensar está cambiando?

Los estudios realizados por la consultoría Genera sobre 6.000 niños de la generación WEB son ilustrativos: "...ya no leen necesariamente una página de izquierda a derecha o de arriba abajo, se saltan bastantes páginas

---

174. **Wolton, D.** "Informar no es comunicar. Contra la ideología tecnológica", Gedisa, Barcelona, 2010 Pags.18-20, 37-66.
175. http://www.sociologia.ehu.es/s0018-eukidshm/es/ El 40% de los niños de menos de 14 años en España tienen un perfil en alguna de las redes más comunes (estudio de Eukids Online hecho en 25 países de la Unión Europea)

buscando la información pertinente…"[176]. Si creemos las profecías de McLuhan, nos acercamos a una fase de transición donde el pensamiento lineal (profundo) está siendo desplazado por una clase de mente donde se impone lo rápido, el destello y la falta de profundidad.

---

176. Citado por **Carr, N.** Ob. Cit. Pág. 21.

Epílogo

Los cambios educativos precisan de cambios en la actividad docente. El rol del profesor está cambiando. Ya no es el intelectual comprometido con el conocimiento. La figura del profesor como facilitador y promotor de la experiencia sobre el saber colectivo se difumina. Poco a poco se convierte en instrumento de la aplicación de las directrices del ámbito técnico. Los modelos de formación del profesorado se van vaciando de propuestas que tengan que ver con la implicación moral y política de la actividad de enseñar. La formación del nuevo docente está rellena de nuevas tecnologías. En el nuevo marco "meritocrático" que se está construyendo, el aislamiento del docente en la dura pugna por competir con otros afianciará su sentido patrimonialista y su soledad pedagógica.

Los nuevos conceptos hacen imprescindible diseñar un modelo universitario eminentemente técnico alejado de una visión "social" o "política". Se pretende generar un "imaginario colectivo" que oriente al futuro educador en sus afectos o sus actos. Este "imaginario" es un hecho desconocido conscientemente aunque su capacidad de acción es evidente. Castoriadis, por ejemplo, sostiene precisamente su influencia social. Es importante reconocer que este mismo pensamiento ha sido esbozado por grandes pensadores desde Aristóteles hasta Freud. Otros autores como Vicente Romano se plantean profundamente esta consideración. Vemos pues como los elementos imaginarios son capaces de recrear nuevas representaciones cuyas características centrales se proyectan en la acción educativa a través del docente. Muy sintéticamente podemos resumirlas como:

Conformismo generalizado: La pérdida de los objetivos sociales educativos circunscribe la acción pedagógica a alcanzar una serie de objetivos particulares. El mal denominado "rendimiento educativo", ente abstracto, indefinible e ina-barcable, es otro de los nuevos axiomas pedagógicos. Aunque las declaraciones oficiales sostengan lo contrario, la práctica demuestra que hay un objetivo de anular la capacidad analítica del docente. La inexistencia de una perspectiva de largo plazo provoca la progresiva admisión de valores y modos en las instituciones educativas de forma acrítica. Los nuevos instrumentos y métodos pedagógicos, a veces contrapuestos y nunca evaluados, son tomados como dogmas de fe. A esto se añaden las políticas erráticas de personal y los continuos cambios de orientación educativa en función de los intereses partidistas. Se desarrolla así un conformismo acrítico.

La formación docente ya no se ve como un asunto político y social, es meramente un proceso de aprendizaje donde lo instrumental, la aplicación de métodos tienen prioridad sobre la reflexión. Se busca la receta que solucione de golpe el malestar educativo, esa es la fantasía que invade la perspectiva pedagógica en este momento. Lejos quedan aquellos días en los cuales el docente era uno de los propulsores de las comunidades y los colectivos sociales.

Este imaginario produce fundamentalmente un alto nivel de conformismo; se busca que el individuo dé la espalda a todo tipo de actividad conjunta pública. La individualización de la acción docente circunscribe su mundo al trabajo instrumental. Los nuevos docentes se acostumbran a ver su mundo limitado al ámbito de la escuela y particularmente a su aula. En realidad, están sufriendo un proceso de "taylorización" del aprendizaje, una división vertical del trabajo que conduce a un cisma entre los detentadores formales del conocimiento (universidad, fundaciones...), que "elaboran", y los profesores que "aplican", entre el polo de los expertos, detentadores de los buenos métodos de estandarización del acto educativo y de su medida, y el polo de los simples ejecutantes encargados de aplicar las innovaciones y controlar los procedimientos.

Esta taylorización desemboca en una profunda modificación del oficio del enseñante. Al desarrollar la gestión empresarial como principio regulador del proceso educativo se pretende pasar, como en la industria, de las técnicas de producción de masas (masificación escolar) a las formas de organización fundadas en la «gestión de la calidad».

La nueva «modernidad» educativa ha de evitar los despilfarros y las pérdidas de tiempo, especialmente en épocas de recortes económicos. En este sentido el esfuerzo por reducir costes, entendidos como una ecuación simple de inversión/resultados, se vende como una pretensión "democrática». En realidad, ahonda la fragmentación social puesto que reduce los contenidos enseñados y las exigencias culturales hacia los sectores sociales más depauperados, mientras permite que las clases altas continúen desarrollando modelos pedagógicos basados en la intensidad del conocimiento. La excusa utilizada es nuevamente una pretensión "democratizadora", la lucha contra el "fracaso escolar" entendido, eso sí, como un desperdicio intolerable de costes y de inversión no rentable.

Los nuevos "docentes", la inmensa mayoría proveniente de la generación LOGSE, están siendo formados en una racionalidad instrumental. Se limita la capacidad de innovación a las grandes editoriales. La intelectualidad de la docencia se reduce; la reflexión en la práctica educativa se extingue, se asume todo lo que sea prácticamente sin reflexión. Se aceptan discursos como el constructivismo en la versión que se intenta imponer, sin llegarse a cuestionar su utilidad, sin plantearse si el modelo constructivista es el adecuado o una perversión del mismo como sostenemos en este trabajo. Se acepta sin cuestionamiento la definición actual de aprendizaje significativo; se asume "per se" que su práctica ya es constructivista. En muchos casos el conocimiento pedagógico se limita a un ligero barniz; en la mayoría de los casos porque se recibió un curso o se leyó algún material relacionado o simplemente porque se acepta como un mantra, de tal forma que se ha hecho creer que el constructivismo es una metodología de enseñanza. Cada vez más el docente sólo es consumidor de teoría y discursos, pero cada vez más también es incapaz de producir los suyos o reflexionar para mejorar su propia práctica educativa. Hay una gran pereza intelectual; la frase que podría definir este proceso sería del tipo: "díganme cómo lo hago y evitémonos tanta teoría".

La existencia de programas y materiales ya elaborados de forma estandarizada, al margen del negocio económico que representan, promueve en el docente precisamente esa visión instrumentalizadora de los programas curriculares.

La disfunción entre la vida profesional y la actividad social trae, entre otras consecuencias, la pérdida de la perspectiva social. Esta concepción, o mejor aún esta falta de perspectiva, puede acarrear crisis personales y de proyecto identitario Desde la institución se pretende que el docente sea meramente un instrumento, cuyas interacciones sociales han de ser limitadas porque nunca se ha planteado cuáles son sus objetivos frente al aula. Castoriadis, señala que una persona es aquella que puede reflexionar sobre sí y sobre la sociedad, cuando existe un "nosotros" y se crea un campo de significaciones sociales. A pesar de todo, dentro de la profesión docente, hay sectores, sobre todo los de mayor experiencia vital, que desconfían de un modelo que consagra la devaluación de la conexión entre educación y conocimiento haciendo de éste un mero instrumento al servicio de intereses espurios.